AF191187

monestir
SANT LLORENÇ
GUARDIOLA ☐ BERGUEDÀ

impulsem
CULTURA
altra
civilització

Experiencia *Monestir de Sant Llorenç*

# Cultura para la interrupción y las conversaciones en pueblos de tierras rurales

*qué hacer, cómo, para qué y ya*

Impulsamos otra civilización.

Toni Puig

FSC
www.fsc.org
MIXTO
Papel procedente de
fuentes responsables
Paper from
responsible sources
FSC® C105338

No se permite la reproducción total o parcial de esta obra, ni su incorporación a un sistema informático, ni su transmisión en cualquier forma o por cualquier medio (electrónico, mecánico, fotocopia, grabación u otros) sin autorización previa y por escrito de los titulares del copyright. La infracción de dichos derechos puede constituir un delito contra la propiedad intelectual.

© Toni Puig Picart, 2025

Editorial: BoD · Books on Demand, Calle de Manzanares, 4, 28005 Madrid, bod@bod.com.es
Impresión: Libri Plureos GmbH, Friedensallee 273, 22763 Hamburg (Alemania)

ISBN: 978-84-1373-655-6

Aún es joven la tierra.
*Uxio Novoneyra*

Solo aquellos que se arriesgan a ir demasiado lejos
pueden descubrir hasta dónde se puede llegar.
*T.S. Eliot*

Voluntad sostenida.
*Paul Valéry*

Han dejado morir a nuestros pueblos.
*jubilado lúcido*

Bajo las tierras rurales
late otra civilización.
*amiga sesentayochera*

Somos románicos contemporáneos.
*associoció civitascultura*

# ÍNDICE

# Cultura imprescindible en tierras abandonadas, ya

Cultura para la interrupción.
Cultura para otro futuro.
Cultura desde una continuada conversación.

**Cultura para el presente** que sitúa las tierras rurales en igualdad de condiciones para la cultura de las que gozan los centros urbanos. Fin de la llamada «descentralización cultural», que en lo rural es abandono o, peor, colonización.

En las tierras rurales la cultura se reduce mayormente a sus fiestas patronales, el patrimonio, una decreciente artesanía, sus fiestas mayores, en las que abunda el entretenimiento y pocas opciones más.

La cultura frena su vaciado porque renueva el sentido común para una vida con emprendedoras opciones reales, tangibles, muy otras, de diferente y mejor bienestar, desde energías que la ciudad ha perdido. Las tierras rurales son igual de contemporáneas que las urbanas.

Sus oportunidades están solo dormidas.

Cultura, pues, para impulsar más vida en la vida cotidiana largamente fosilizada.

Las tierras rurales las pienso y estoy con ellas porque ya son grito para otra civilización. En ellas, el consumo compulsivo, la velocidad autoexigente para producir más exageradamente desde un esfuerzo personal agotador, el tiempo encadenado ligado a trabajos y ritmos extenuantes o la falta de oxígeno para saborear la vida, ha llegado tenuemente. La aceleración infinita urbana choca con amaneceres y atardeceres abiertos y con freno natural frente a las prisas.

Aquí experimentas que el cambio climático es una realidad contundente, que el estrés puede ser superado, que la alimentación industrial es un atentado a la salud presentado con envoltorios de diseño. Hay un abismo, y no solo de sabores, entre zamparse un tomate de supermercado mono, insípido, rojo adulterado y el de entrar al huerto para preparar la ensalada.

Si optas por ellas, sabrás que aquí somos vecinos que nos hablamos por la calle. Que otro estilo de vida común es posible si optamos por otra civilización no centrada en la economía brutal, la tecnología dominante y la IA como próximo paraíso. Comprobarás que el progreso por el que ha optado el capitalismo salvaje pauperizante y sus gobiernos adictos no es el único progreso posible y está en horas clínicas.

En estas tierras es posible experimentar otros futuros. Y ponerlos en práctica. A nivel micro, de momento, si tenemos presente todo lo que nuestra civilización ha aportado de humanidad compartida durante milenios y, en los últimos decenios especialmente, desde la cultura de los servicios públicos del estado del bienestar. Sus gentes han cultivado la tierra para alimentarnos sanamente desde el trueque y las pequeñas empresas emprendedoras, tan pocas ahora en lo rural y en crisis por el hambre destructor de las grandes superficies, catedrales de lo más, mejor y a menudo prescindible.

El todo mal, pero, no me va.

Y no sabemos cómo es y será el todo diferente. Para saberlo hay que experimentarlo.

Por fragmentos, de momento.

Las tierras rurales lo esperan.

¿Debemos desacelerar en lo urbano y acelerar sosteniblemente en lo rural? Seguramente. Actuar como apocalípticos es demasiado simplista y borrico.

Experimentarás, en estas tierras, los estragos que ha supuesto su abandono injustificable y vergonzoso. Su belleza está herida. Con navajazos continuados. Cicatrizar años de marginación pide imaginación, tiempo y coraje.

No escucharlas es de insensibles.

No estar a su lado connota egoísmos urbanos.

Uno del equipo lo sintetiza románticamente así: «Qué placer freír un par de huevos de nuestras feúchas gallinitas frente al paisaje».

Trabajaba en la construcción de autopistas.

Deberíamos apoderarlo Rousseau.

**Aquí no teorizo en abstracto**: fueron piruetas aéreas. Las tierras exigen respuestas, experiencias, proyectos concretos. Tangibles. Usables. Emocionantes. Vivibles.

Compartibles. Exigen, a largo plazo, compromiso solidario.

Acciones directas, valientes.

¿Tú estás en ello?

¿Con un equipo de voluntariado cultural civil?

El texto lo escribo para este equipo.

Sin equipo nada es posible en lo rural.

Plantead, si tal es, vuestra aportación con generosidad.

Sin excluir la rebelión del «basta ya».

Terminaron las lágrimas, las lamentaciones, los abandonos insensatos e interesados para unos pocos. Estamos en tiempos de experiencias y proyectos de ciudadanos con ciudadanos pisando las mismas tierras.

La tarea parece imposible.

Ya lo es menos.

En eso estoy y estáis.

**Sé que el trabajo desde la cultura** en tierras rurales tiene mucho de campesino colaborativo y poco de gestor de despacho. Y que los resultados, la cosecha de la transformación, es a la larga con brotes verdes a la media.

El inicio es duro y maravillosamente humano.

Nunca debéis esperar felicitaciones.

Os bastan sus amaneceres que vienen cuajados de desafíos.

Camina, y caminad en equipo, para trazar futuros diferentes desde el amoldaros a estas tierras de futuros siempre aplazados. Y respirad profundamente. Porque la tarea se las trae. Y los romanticismos encubren el abandono.

**Respirad tierras desde la esperanza.** Armaos con ella para sentiros vivos picando piedra proactivamente para la cultura, contra el abandono y la insignificancia, mirando a menudo la luz al final del túnel. Asumid la injusticia persistente del abandono y colocad la esperanza como brújula para los sentidos comunes otros en la vida cotidiana en común que aún no existe. No tengáis miedo al fracaso: paraliza. No planteéis tampoco una cultura para la supervivencia más llevadera: continúa la mediocridad.

La esperanza, esa actitud que a muchos les parece antigualla, fecunda la interrupción y las conversaciones para impulsar, ampliar y consolidar otras orientaciones en la ruralidad desde el no dejar de proponer sentidos éticos indispensables y vitalistas audaces otros, muy otros. Unos sentidos de cultura emprendedora con pasión por lo posible aquí, ahora y en el futuro tras el horizonte cercano, co-construidos con los ciudadanos plurales con los que compartís ruralidad.

Para ello, sed visionarios: proponed posibilidades que configuren otra atmósfera vital colectiva, otro estilo de vida cotidiano. Mezclad visión con gestión; esperanza con resultados tangibles; voluntariado con profesionalidad; recursos escasos con valoraciones ciudadanas entusiastas.

La esperanza es gemela práctica de la utopía. Esta esperanza impulsa y sostiene el aliento que la cultura facilita a una tierra rural desde las apuestas de la ética para la emancipación, la ecología, la igualdad, la vecindad desde pluralidades. Anula el grosero abandono y traza, desde una visión compartida, la nueva civilización de la cooperación desde propuestas radicales para una nueva ilusión política, social, económica o educativa.

La cultura de la esperanza como interrupción se enfrenta a la injusticia del abandono continuado, a la decadencia que este ha provocado; aborda los problemas del despoblamiento y la falta impresentable de servicios de calidad.

En el abandono existe mucha violencia.

La cultura la enfrenta desde el no más miedo al futuro.

Aquí, prohibido ser naif.

**La cultura para la interrupción,** ya voy al grano, supone un punto y aparte en el ciclo del abandono insensato en que están muchas tierras. Esta irrupción no baja de los cielos abstractos de creatividades expresivas personales o de grupos saturados de ideologías librescas: irrumpe desde la escucha de las tierras en sus necesidades, problemas y retos cotidianos y estructurales. Desde ellos, vuestro equipo para la cultura, que siempre es creativa, generativa, transformante, presenta un proyecto compartido para lo que los ciudadanos rurales desean con vehemencia: otro estilo de vida tensado desde la memoria de las tierras a las oportunidades conjuntas de futuro mejor, desde otro presente en construcción. A por ello.

En vuestro equipo anida, pues, la interrupción para hacer realidad el deseo de lo compartido, de lo anhelado. Empezad por poner punto y aparte a lo negado. Empujad vida diferente desde otra conciencia audaz. La plena. La de la igualdad democrática.

Interrupción, pues, para poneros en marcha, para abrir puertas y ventanas y trazar caminos convivenciales, comunales. Desde otras herramientas colectivas. Y en tensión dialogante. Con responsabilidad creativa y colaborativa para la transformación hacia lo tanto tiempo esperado, negado, orillado. Aquí no estáis para la cultura de la erudición academicista. Estáis para el hacer público en común desde vuestro proyecto.

La cultura —lo hemos olvidado, ¡qué idiotas! — siempre es palabra subversiva, porque pregunta a la vida de los ciudadanos con qué valores de sentido conviven y con cuáles desean y les urge convivir para la vida colectiva plena, de bienestar alto y —voy a usar una palabra que me parece tramposa— feliz. Esta cultura pregunta amablemente, incitativamente, sin seriedades encorsetadas y patriarcales, como las gentes desean sus vidas. A veces, incluso, con un deje de humor. A menudo la respuesta es el silencio. El gran silencio que ha provocado su gran abandono. Debéis interpretarlo porque el silencio impuesto habla con voces varias. Aquí tenéis un reto primero y orientador, de do de pecho.

**A esta cultura le acompaña la cultura de la conversación continuada.** La cultura interrumpe en tierras rurales para proponer e iniciar transformaciones acordadas de bienestar democrático desde una larga y continuada conversación con la pluralidad de sus ciudadanos. La experiencia que cuento, de ocho años de conversación para la cultura desde el Monestir de Sant Llorenç en la comarca del Berguedà, lo ejemplifica y detalla.

La cultura para la interrupción transformativa en tierras rurales necesita irrupción desde una propuesta nítida otra, de punto y aparte, seguida de una larga sedimentación desde conversaciones pausadas, plurales, abiertas, pacientes y entusiastas.

Proponed.

Nuestra experiencia empezó por interrumpir el olvido de la memoria de unos pueblos que borraron su románico como dispositivo para repensar futuro contemporáneo. A esta memoria en cenizas le insuflamos fuego de cultura para la vida activa y resurgida.

Acertamos.

Y seguimos conversando.

Toda conversación en cultura, seguro, surge porque hay una apuesta de sentido ético común otro para la vida diferente. No solo mejor: anhelada. ¿Qué valor transformativo proponéis para desterrar tanto abandono en una tierra concreta?

Sed imaginativos, audaces, con los pies metidos en tierra.

Sus gentes no están para bobadas abstractas: apuestan por la cultura que dé sentido vívido a su cotidianidad.

**En las tierras rurales, la cultura para la interrupción y las conversaciones** propone a sus gentes que opten por pasar *de* ciudadanos en tierras rurales a ciudadanos *en* su tierra rural, pueblo o comarca, altamente democrática y cualificada porque conviven desde sentidos comunes hodiernos otros, abiertos a futuros diferentes desde la libertad responsable, la solidaridad colaborativa y la igualdad desde las pluralidades: asumen su radical humanidad convivencial y creativa en el aquí y el ahora, esté como esté de deshilachada, abandonada o nublada su tierra.

En ciudadanía o humanidad no hay segundas clases.

Ni ciudadanía o humanidad en rebajas.

**La línea roja de fondo de la propuesta experiencial** planea obsesivamente que la cultura en las ruralidades no solo cancela su abandono intolerable: propone el regreso civilizatorio a la casa común de la tierra. Estoy convencido de que la nueva civilización que necesitamos con urgencia será ecológica y radicalmente igualitaria o no será. Esta dimensión de cultura otra en las tierras rurales, aquí y ahora, la planteo en minúsculas, pero con el subrayado de letras negritas que tienen el trazo más intenso. Y propongo, desde lo que ya estamos haciendo, un trazo mayor de intensidad y amplitud, vigor, continuidad y atracción comunicativa: otra civilización es imprescindible. La propongo también desde fragmentos interrelacionados en red y con los faros de largo alcance desde experiencias transformadoras cotidianas y entusiastas. Quedaros ensimismados en el proyecto de vuestro equipo, siempre complicado de tirarlo hacia delante, sin esta perspectiva lo que propongáis y hagáis tendrá un punto de insignificancia.

**Nota para la lectura.** Este es un texto que parte de un acontecimiento sobre ruralidades; presenta algunos puntos de biografía personal sobre mi ligación con estas tierras; esboza la cultura que cancela su abandono; se adentra en la experiencia de un proyecto de cultura para una comarca rural y postindustrial para compartirla, y presenta ideas y estrategias para la conceptualización, gestión y comunicación de proyectos a largo término en tierras en las que la cultura para el aquí y el ahora o el mañana ha sido borrada. Un texto biográfico y de equipo. Sin doctrina. Con pensamiento para emprender, incitativo y para compartir. Con un puñado de sugerencias y hechos para experimentar. A vuestro gusto. Y en acción cultural directa y movilizadora en una tierra rural.

Una propuesta que se suma a las experiencias y proyectos para un nuevo y diferente auge en las tierras rurales que, como una constelación exuberante de esperanzas tangibles, recorre las ruralidades de nuestro plural país impulsadas por gobiernos locales, por fundaciones, por asociaciones civiles… que apuestan por la cultura que transforma. Nuestra experiencia y aportaciones están ahí, dialogando y, como dicen mis amigos dominicanos, ¡echando fuego a la lata!

El texto está escrito, construido, a lo chino poético-realista, según mi amiga escritora. A saber: no es lineal, sino que opta por bucles, por repeticiones concéntricas que se abren y se cierran para volver a abrirse. Apunta, jamás dicta. Insinúa pensamiento para la acción. Y está teñido por una neblina poética muy tenue, intermitente, que hunde sus pies en la tierra, mientras que con las manos en alza dibuja experiencias imaginadas y realizadas. Lo escribo desde el movimiento vigoroso de las experiencias para la movilización ciudadana rural desde la cultura.

El ritmo textual lo marca la marcha que abre la Séptima sinfonía de Shostakóvich, la *Leningrado*, con sus refriegas disonantes, sus contrastes nunca iguales, sus repeticiones que se bifurcan y entrelazan, sus tonos cambiantes, sus rítmicas insistentes y ondulantes, para que sientas en tu intimidad sonora el avance contra todos los totalitarismos y abandonos. Tal vez mi vida sea a lo chino y con ritmo ruso. Y yo, sin enterarme.

**Oh, las benditas tierras.**

**cultura audaz
para la interrupción
del abandono espantoso
de las tierras rurales
desde una conversación
democrática valiente
con sus ciudadanos**

# 1. Pórtico 1. Una piel rural y cultural muy personal

Somos las memorias inscritas en nuestra piel. Me asalta la idea bajo el viejo cerezo del monasterio que en la primavera de lluvias florece vigoroso y ahora esta ensortijado con cerezas.

**En la mía, conservo viva la memoria de mi infancia feliz en Tuixent,** un pequeño pueblo del Pirineo catalán, en casa de mis abuelos maternos, agricultores con recursos escasos y una generosidad de acogimiento amoroso que me impulsa a pasar todas las vacaciones de verano, entonces larguísimas, con ellos, en sus campos, con sus gallinas, conejos, cerdos; guardando en verdes praderas las vacas y un cordero; comiendo con maravillosa humildad del huerto y sus corrales; acompañando a mi guapo tío en los quehaceres del campo; sintiéndome uno más en el pequeño pueblo rural. No tenemos agua corriente. Mi abuelo se pasaba todo el verano en los prados de las altas montañas cuidando el rebaño en común de las vacas del pueblo. Un abuelo silente, heredero de los cátaros.

Salgo con mi tío muchas noches al café de los hombres, que juegan a las cartas y se cuentan los avatares del día. Disfruto con las fiestas populares, los bailes con acordeón de los sábados noche en la plaza bajo las estrellas nítidas, alcanzables, veo pelis en el cine club, salgo de romería, no me pierdo las fiestas mayores de los pueblos del entorno, llenas de comidas familiares.

En mi mente se graba el entierro de un pariente, todos vestidos de negro, las mujeres a un lado en la iglesia y los hombres en otra, con sus trajes de fiesta de guardar. Y el almuerzo funerario en casa del difunto, con una abundancia de platos que, años después, sé que es un último vestigio de los banquetes mortuorios ancestrales para acompañar al difunto en su más allá incognoscible. En este escenario rural descubro mi orientación sexual: no es poca cosa. Y me seduce el pueblo y su entorno de prados y montes. Me llena. Experimento un éxtasis cotidiano, doméstico. Recuerdo, todavía estremecido, que el regreso a casa de mis padres, tenderos en un pueblo industrial textil, es todo un drama. Largarme, por San Juan, al paraíso entre montañas se convierte en mi sueño hecho realidad. Lo llevo tatuado con colores verdosos. La infancia, el territorio que nos constituye, es de pueblo, rural.

**De joven, con muchachas y algún muchacho** que veranean en Tuixent y con muchachas despiertas del pueblo, amigas, nos autoorganizamos como un equipo para compartir fuegos de campamento en la plaza, contando leyendas, cantando, con Neus tocando la guitarra, miembro de la incipiente *Nova cançó catalana* de protesta frente a la barbarie franquista, en un clima de comunidad vibrante que quiere avanzar, que se complementa. Aquí tengo mi bautismo cultural a fuego y amistades. Me tienen por líder.

Disponemos de un fuego, bajo un cielo estrellado exageradamente, para la apuesta casi semanal de cultura artesanal de interrelación cómplice, con cero recursos y un inmenso caudal de tierna creatividad. Somos un equipo que interrumpe desde la cultura, gozosos e invitativos, la monotonía de la vida del cada día en el pueblo que llena la plaza.

Tuixent, un pueblo que ha sabido situar la invasión del turismo de segunda residencia en un punto de buen encaje, que tiene ahora un museo, cuya entrada está presidida por una gran foto de mi abuela Leonilda —tengo complejo agudo de abuelas— narra las historias de mujeres que en otoño e invierno bajaban a las ciudades para vender hierbas y pócimas de medicina ancestral, *les tramentinaires*, como aporte a la precaria economía familiar. Mujeres que incendian, todavía, un buen trozo de mi piel rural.

Y lo perfuman con salvia, romero…

**Después de terminar filosofía** en el seminario de Vic —¡oh, la estética de los ritos! —, me enamoro del gregoriano y con un amigo lo escuchamos clandestinamente en las vísperas solemnes de los domingos, cantadas por los que estudian teología. El obispo, un hombre torturado por la moral sexual, me tira a la calle por inconformista y pensar fuera del dogma puñetero. Agradezco al seminario que me facilitara convertirme en un esteta con sentido místico.

*Laus Deo.*

Antes de aterrizar en la Universidad de Barcelona, me tomo, con alarma de mis padres, un año sabático. Mi abuela paterna me apoya. Es una decisión emocional. Soy joven, inconformista, creativo, alternativo, con ganas atroces de transformar el mundo. Quiero vivirlo en el impresionante Monestir de Sant Jaume de Frontanyà, del que solo se conserva la increíble iglesia, uno de los mejores espacios románicos de Cataluña. Convivo con mosén Xirinachs, un escolapio ahora párroco, que habita la rectoría con una mujer formada en Rusia, niña salida en el barco para el exilio en la Guerra Civil, su hijo ruso y un gran perro.

Me aceptan.

Vivo, en el pequeño pueblo de veinticinco habitantes, de lo que cultivamos en el diminuto huerto, unas gallinas y lo que recogemos en los prados y el bosque. Vida austera, de monjes medievales rurales justitos. No paso hambre, pero adelgazo. Y aprendo a estar en silencio, escuchando el vibrante monasterio con sus indescriptibles ábsides, el paisaje y sus gentes. Cuido del huerto y las gallinas. Unos días antes de Navidad, visita al mosén un exalumno ya universitario. Se presenta con el tarro de caviar iraní que su padre autoritario compra para las fiestas.

Quiere bronca. Nos lo comemos con patatas hervidas, huevos fritos…

Introduzco mejoras estéticas en la iglesia: todavía me sorprende el crucifijo que monto con dos trozos de madera y un Jesús barroco que encuentro junto al gallinero con una notable colección de pergaminos medievales. Una mujer, Florentina, la guardiana de la iglesia, un día se mete en el estercolero de su casa y saca un capitel románico: «Toni, es para ti, que cuidas nuestro patrimonio. Los curas lo han malvendido todo». Viste siempre de negro y tiene una gran verruga en la mejilla.

Nos abrazamos.

El obispo de Solsona termina por echarnos: la iglesia del poder es de un retrógrado antimodernista que da grima.

Así están.

El románico me reconfiguró.

Renací románico contemporáneo.

Conservo su aliento.

Y el del gran silencio rural que lo envuelve y traspasa.

**Inauguro mis largos años en Barcelona** trabajando de maestro en un barrio-casi-pueblo en Vallcarca junto al lado feo del Park Güell; estoy con quienes inventan un tiempo libre para la muchachada creativo y ciudadano; creo, con mi amigo Pepe Ribas, la revista *Ajoblanco*: contestataria, informal, poética, desvergonzada para la calidad de vida cotidiana en tiempos del franquismo —nos la cierran un tiempo por revolucionarios poéticos—; formo parte del equipo de equipos del alcalde Maragall que rediseña Barcelona como marca de referencia para las ciudades con unos Juegos Olímpicos que marcan época; impulso la animación sociocultural desde el municipio; me dedico a la reconversión del sector asociativo de la ciudad; soy profe de marcas públicas en Esade, una de las tres instituciones formativas para lo público de mayor prestigio internacional; me enamoro de las ciudades de Latinoamérica...

Preocupado, años después, por la inacción pública en la acogida de la creciente inmigración, por el ritmo turístico galopante y por la borrosa opción ciudadana pasiva por la que opta la ciudad embriagada de éxito, me jubilo.

Mi piel está impregnada de tierras rurales, pero un gran fragmento es urbano activo y de la mejor calidad.

Aquí aprendo lo que comporta trabajar en lo público.

Maragall es mi maestro en lo urbano ciudadano. Georg Steiner, conocido en Barcelona, lo es para la cultura. Para lo rural, mis abuelos de Tuixent.

**Ya senior, opto por la cultura otra en los territorios rurales.** Sin volver la vista atrás. Como dicen mis amigos argentinos, lo urbano ¡fue! Regreso a la infancia tierna y a la juventud rebelde.

Opto por tierras rurales románicas. Aquí la piel ya no es solo memoria de recuerdos templados, es memoria viva, activa y mira al futuro. Es pasión perpetua por lo rural desde sus espacios de esplendor románicos. Lo contaré con detalle porque conforma el corazón, es el fundamento de pensamiento, intuición, proyecto, acción y comunicación de este libro de experiencia compartida. Empiezo a escribirlo en el viaje de regreso desde Tortosa al monasterio, donde vivo y convivo, con motivo del VI Foro de Cultura y Ruralidades al que mi amigo Jordi Martí, secretario de Estado para la Cultura, compañero de aventuras culturales varias y significativas en lo público de la mejor Barcelona ciudadana, me invita en una de sus visitas a la ciudad. Un foro organizado por el Ministerio de Cultura, desde Cultura y Ruralidades, con un público, la mayoría joven, que está trabajando y gestionando cultura en múltiples espacios rurales a lo largo y ancho del Estado. Me emociona escucharlos y compartir visiones y propuestas. Estoy en la mesa de diálogo que abre el foro. Envidio su juventud inflamada de proyectos.

Respiran esperanza cierta.

Frente al gran caudal del rio Ebro, que baña la ciudad, escribo el índice. Cuando regreso al Monestir de Sant Llorenç en Guardiola de Berguedà, frente al Pirineo, a la mañana siguiente doy una vuelta por su entorno y empiezo.

La piel se transforma en alfabeto.

## 2. Pórtico 2. El románico que me habita

El románico es mi casa desde joven. El románico, después del rural, ha marcado mi piel más tierna e íntima. Ha impreso en ella su marca dorada: el oro, en el románico, es el símbolo de la eternidad, de lo otramente otro, indescifrable. Pero imprescindible. El románico me ha regalado un deje de misticismo poético, solo un punto trascendente. Rural y románico, desde sus interrelaciones múltiples en el tiempo y el espacio, me empujan, ya jubilado, a la experiencia de cultura creativa y compartida, vital y energizante, que contaré después en sus trazos gordos y estructurantes.

**Experiencias de joven en espacios de misterio.** No tengo noción del primer impacto del románico en mi sensibilidad. Solo recuerdo que, cuando en frecuentes excursiones visitaba un monasterio o una iglesia, en estos tiempos por restaurar casi siempre, me inunda una bonanza, un deseo de permanecer. Me parecían casa de familia multisecular. Cuando me pedían que opinase después sobre el espacio patrimonial, me quedaba en silencio. Me faltaban las palabras. Estaba tocado por una atmósfera que no entiendo y ya extraño. Años después, me pasa lo mismo con el arte contemporáneo.

Ya en el seminario, visito el Monestir de Sant Jaume de Frontanyà en mi segundo curso de Filosofía. Sigo la explicación del profe de Estética y me quedo sentado en un barco mientras mis compañeros desayunan y juegan al fútbol. Al final de la mañana, el profe nos reúne en círculo para un cambio de impresiones sentados en la hierba bajo los árboles. Y lo suelto: «¡He sentido lo ilimitado!». Rompo el molde de las opiniones técnicas y estéticas. Algunos me miran raro.

En el románico hallo emociones que me configuran.

Humanidad esforzada.

Civilización en construcción.

Intuyo que viviré en este lugar.

**Nos atrevemos a dinamizar el vetusto Museo Románico de Barcelona.** Con un grupo de amigos y amigas montamos el primer equipo para la cultura a finales de los sesenta. Lo bautizamos con un nombre del bestiario tradicional catán: La Cucafera. La gestora del museo, una mujer inquieta, que conoce las tendencias implicativas en los mejores museos del mundo, nos pide un proyecto de animación activa para sintonizar mejor los visitantes con sus pinturas románicas insuperables. Lo imaginamos y lo presentamos. Ella está entusiasmada. Su entorno académico burocrático lo impide. Es mi primer tortazo burocrático.

Esas pinturas inspiran todavía mi manera de dibujar, por más que apueste por gestualidades rápidas, e ilustran las comunicaciones de nuestro proyecto.

**Románico en mayúsculas y en minúsculas.** En mis viajes por este plural país para cursos, seminarios, conferencias o vacaciones absorbo románico. Me pueden los monasterios. Pero me siento acogido por las pequeñas iglesias. El día que descubro el códice ilustrado del Beato de Liébana —aun siendo de fractura visigótica, es en el románico donde se difunde con fuerza—, vislumbro por una rendija de la pintura un mundo imaginario, colorido, ordenado y sugerente, en el que quiero vivir desde mi contemporaneidad. El románico de paredes desnudas es una aberración moderna. Y las monsergas siempre tenebrosas sobre sus tiempos, estupideces de indocumentados o aficionados a cuentos góticos de ínfima calidad.

Como la de hoy, el románico es una civilización contrastada que va del dorado sacro al gris problemático, del gregoriano monástico a las violencias cotidianas.

Y nos estructura desde tierras rurales como país de países.

**Obsesión románica para el proyecto en equipo.** No es de extrañar que, con todo este bagaje románico, cuando propongo a un pequeño grupo de amigas y amigos montar una asociación para impulsar cultura en tierras rurales, el espacio soñado para hacerlo sea románico y en desuso. Aquí empieza un largo, tortuoso y complicado peregrinaje para hallarlo. También lo detallaré. Parece que, al poder gubernamental, los proyectos para la cultura entusiastas le asustan y producen urticaria.

Cuando funcionan, aparecen las envidias políticas.

Llevamos acho años en este espacio.

Y no ha sido fácil.

Pero continúa emocionándome.

**De lo sagrado a lo civil.** Instalado en el monasterio, me lleva tiempo repensar el románico para nuestros tiempos y para la tierra rural donde se ubica. Lo contaré, también, en la experiencia. Aquí únicamente anoto que el románico solo es comprensible si se entiende como una apuesta para una nueva civilización europea que gira en torno a lo sagrado: esa atmósfera que se respira en sus espacios con una arquitectura aparentemente austera, con pinturas murales que se han perdido o han sido entregas a museos, con iluminación con velas y lámparas de aceite, con ornamentación litúrgica salpicada de bordados ceremoniales y el gregoriano en los monasterios o la fragancia de la gente popular esperanzada en sus pequeñas iglesias. Toda esta amalgama sitúa a monjes y gente en una dimensión vital que se abre al cosmos infinito y a la confianza de configurar una vida en plenitud, en el aquí y el ahora rural, a pesar de una cotidianidad con un horizonte difícil.

Hoy el sagrado ancestral, que no es el Dios de las religiones, lo hemos borrado porque, poco inteligentes, hemos olvidado la dimensión eternamente deseante de los *sapiens*: tenemos apetencia innata, antropológica, desde el sentirnos inacabados —subrayo esta dimensión estructurante— por imaginar futuros esperanzados desde preguntas colectivas que construyan un renovado sentido común que nos interrelacione entre nosotros y con el cosmos. Aspiramos, a menudo, mudos e inconscientes, a la vida de valor abierta a lo improbable y por un momento palpable o intuido.

Somos cosmos y tierra.

Los *sapiens* aspiramos a techos altos.

Con la Ilustración y la Revolución Industrial, esta apuesta, casi ancestral, entra en tremenda crisis: el duro trabajo en las fábricas y talleres facilita e impone el sentido, el valor vital en lo industrial. Un sentido marcado por la técnica y la dura productividad.

Y el salario.

Huele a hollín.

Ahora, en tiempos velozmente nublados y con demasiado *pastilleo*, parece que somos incapaces de transformar este sentido civilizatorio fuerte y común que recomienza en el románico y se va deshilachando, con los siglos, en otro alternativo que dé sentido a nuestras vidas en unos tiempos zozobrantes: los de la cultura estamos éticamente comprometidos a intentar reinventar los sentidos éticos comunes imprescindibles de nuestra democracia civil que nos empuja, y es mucho, a convivir desde la libertad, la igualdad, la cooperación y el cuidar la tierra. La democracia es el eje de sentido común civilizatorio-sagrado que conservamos. Debemos impulsarla, reinventarla urgentemente, repensando los valores en común que tenemos, añadiendo otros, como el cambio climático para sentirnos tierra o el derecho a la inmigración y la igualdad cooperante. En tierras rurales, más por el bochornoso abandono.

Llevamos maltratando, con furor salvaje, nuestra moderna democracia desde los ochenta del siglo pasado por la totalitaria impertinencia política de Reagen, que impuso su *pax* americana de la solo economía-*sagrada* en el mundo como eje prioritario de vida cotidiana, y por la beligerante británica Teacher, que afirmó, con un desparpajo maléfico, que la sociedad no existe. Sucumbimos a semejantes groserías. Hoy, además, está cuestionada por las algarabías de mentiras populistas al viento, aplaudidas desde medios de desinformación comprados por las derechas espeluznantemente autoritarias.

Esto es para otro libro, pero reaparecerá.

El abandono de las tierras rurales no fue ni es, pues, una apuesta inocente. Es un ataque premeditado injusto, inaudito y atroz. Es un abandono culpable: ¡quedaos en la intemperie del abandono porque no nos sois económicamente rentables!

Días después, en un paseo al amanecer, me asalta la síntesis en el binomio sagrado/civil: con lo sagrado buscamos encontrar lo improbable ausente, la plenitud plural y deseada íntimamente y acordada con el universo infinito. Con lo civil, optamos por valores éticos para convivir además en un abigarrado nosotros. Algunos de estos valores a primera vista parecen improbables: en democracia, impulsados por la cultura, los asumimos y realizamos cotidianamente. Muchos estamos implicados en que estos valores éticos no solo fecunden las tierras rurales, sino que las impulsen con otro vigor.

Apuesto porque nuestra manera de proponer cultura en las ruralidades se expanda y profundice bajo un techo triangular ciudadano en el que esté garabateado:

- más creatividad emprendedora acorde con la tierra.
- más en común diferente y en red vigorosa cooperante.
- más referenciales éticos desde la memoria contemporánea.

Atrevámonos.

Me tomo el café de la mañana más a gusto.

# 1. Somos la sexta generación de los culturales en acción directa

Hemos creado, los de la cultura, una serie de seis sonoras sinfonías para compartirlas con los ciudadanos a lo largo de los últimos sesenta y tantos años. Desde ellas queremos facilitar despertar de sentido activo en una vida de calidad personal y para lo común en democracia. Cada una la hemos impulsado desde un colectivo plural con acentos diferentes según tiempos y territorios de nuestro plurinacional país con pautas de inspiración, creatividad práctica, objetivos, horizontes, intervenciones ciudadanas y resultados diferentes, opinables y evaluativos. Son historia viva. Retos compartidos para la vida y un mundo mejor desde lo local.

Seis es un buen número.

Cuentan historias de una cultura que evoluciona.

Las he escuchado todas repetidamente. He formado parte, en grados muy desiguales, de la composición y ejecución de casi todas ellas. Voy a trazar, a vuelapluma, cómo las he vivido para centrarme en la sexta, en la última: la sinfonía inacabada de la cultura en tierras rurales.

Facilitan marcos de acción.

Por el momento, si tuviera que ponerle banda sonora a esta generación última opto, cómo no y ya lo he anotado, por el primer movimiento de la *Leningrado* de Shostakóvich, su séptima, con su marcha de fondo en avance imparable que te envuelve, te moviliza y estremece. Advierto que pondré la marcha del primer movimiento atrapante a todo volumen, especialmente en la sexta generación. Con violines excitados e instrumentos de viento casi atronadores en algunas cuestiones. Y lo chino aparecerá con bucles enfurecidos. Porque reinventar tierras desde su abandono y desde la cultura es tarea hercúlea para equipos valientes inspirados e inteligentes.

Oh, la música.

**Militantes desde la cultura.** Agrupa a una variedad infinita de ciudadanos que desde la cultura desafían al franquismo grosero y castrador. Son nuestros abuelos intrépidos que muy diferentemente, según los grados de represión en los plurales territorios del Estado, desde el teatro, la música, la pintura, las fiestas populares, las conferencias y los congresos, el cine, las revistas, otra educación y otros comportamientos desde otros valores… abren brechas en el muro de la represión despiadada, especialmente en las grandes ciudades. Una multitud termina en la cárcel y es torturada. Muchos pertenecen a partidos y sindicatos marxistas y anarquistas. Todos se implican voluntariamente. Abundan intelectuales, artistas, creativos de variado pelaje. Logran la transición y el punto uno indispensable para la cultura: la democracia. Sin democracia, la cultura es un armario personal de saberes. Porque la cultura básicamente es colaboración para lo común desde sentidos compartidos. Insistiré. Repetiré. Cansaré. Hoy esta transición está cuestionada por muchos que no la vivieron. La vida en común siempre tiene zonas grises interpretables desde otros tiempos con tonos de opinión que se pretenden veraces.

Yo estoy aquí, jovencísimo, con estos antifranquistas culturales, propiciando la invención del tiempo libre para niños bajo la primavera posconciliar de la Iglesia que en Barcelona es antifranquista; empujando el movimiento de renovación pedagógica en las escuelas y en catalán; estoy en el equipo para las dos jornadas multitudinarias de jóvenes para la democracia y la cultura en el Monestir de Montserrat, con los de la Nova cançó y el teatro en catalán de Joglars i Comediants, con la revista alternativa y cultural para otra vida y país, *Ajoblanco*... Años de formación activa desde y para la cultura, para la vida otra y el país otro. Movilizado. Luchador. Cómplice.

Creo que inconscientemente feliz.

Cada ciudad de nuestro plural país tiene su propia y fascinante historia de militantes antifranquistas para la cultura democrática.

También algunas tierras rurales con aportaciones singulares. La mayoría de su muchachada emigra a las ciudades y se une vigorosamente a la lucha. Es indispensable conocer y comprender a nuestros abuelos. Olvidar raíces arruina el árbol. Hoy este conocimiento ante el huracán devastador de la extrema derecha facistoide es obligado. Frente al «la calle es mía» del chulazo Fraga lo transforman en su grito «los ciudadanos somos nuestras calles». Sabios, se plantan frente a este aberrante autoritarismo en concubinato con la mafia económica. La cultura nos recuerda constantemente que la democracia cotidiana es nuestra.

Son tiempos de revolución y reinvención.

**La animación cultural para la participación democrática.** Sus gentes son rotundamente nuestros padres sabios. Su metodología continúa siendo un referente. La impulsan públicamente los ayuntamientos democráticos y es hija bastarda de Malraux y sus casas de cultura francesas. Estoy en su parto y en su desarrollo en la Barcelona de los primeros ochenta. Es una experiencia colectiva y plural que marca nuestra democracia ciudadana con trazo propio.

¿Qué propone?

Implicar a los ciudadanos en la resolución de necesidades, problemas y retos públicos desde la creatividad de la cultura: ¿qué podemos hacer juntos para la ciudad común? Desde los ayuntamientos con los ciudadanos, desde los ciudadanos con el ayuntamiento, o los ciudadanos con sus asociaciones y entidades civiles.

La opción de empezar con los ciudadanos me puede.

Usa las estrategias y recursos prácticos de la cultura, con sus invitaciones a actos, donde el teatro, la danza, las fiestas populares, los diálogos, las manifestaciones con causa… plantean una situación insostenible o imprescindible para que los ciudadanos se conciencien, exijan soluciones públicas, monten equipos y grupos para seguir una cuestión hasta que se resuelva: hagamos juntos la ciudad. Porque la ciudad es la gente. Implicando, vuelvo a subrayar, ciudadanos en diálogo con su ayuntamiento. O ciudadanos con ciudadanos. Siempre a pie de calle o plaza. Buscando soluciones para todos, necesidad por necesidad, reto por reto.

Opta radicalmente por la suma democrática.

¡Eureka!

Evidentemente, su implantación y expansión se da especialmente en los barrios más precarios de la ciudad, con enormes carencias de calidad de vida cotidiana por el abandono de los ayuntamientos franquistas y su entrega a insaciables especuladores urbanistas. Quienes la impulsan, lideran y coordinan son mayormente jóvenes inquietos, que están activos en asociaciones de vecinos o temáticas; también, ciudadanos bregados en partidos y sindicatos que no han optado por listas de gobiernos. Hay muchas mujeres decididas. Se dotan de equipos y pronto de espacios públicos que, en Barcelona, toman el nombre de Casals de Joves, Centres Cívics y surge una proliferación de asociaciones civiles con voluntariado entregado.

Para asegurar mejor trabajo se crea el Institut Municipal d'Animació, del que me hacen responsable. Años maravillosos, de gran invención, renovación y estructuración de la ciudad y los barrios desde la cultura como vida compartida para la cotidianidad democrática en avance desde un sentido de civilidad actualizada. Remarco: desde un sentido de civilidad actualizada. Y desde las aportaciones públicas de una gran pluralidad de asociaciones de voluntariado civil. Entusiasma.

Marca los años ochenta. Y es una apuesta radical para que la ciudadanía, en equipos y grupos, asuma diseñar, construir y sostener la ciudad plural con el soporte de sus ayuntamientos.

¡La animación sociocultural ayunta!

Al frente del Institut d'Animació Municipal, con un equipo de jóvenes audaces, la mayoría mujeres, facilitamos formación y servicios para este menester que pronto supera el ámbito de Barcelona y se convierte en referente en todo el Estado. De este núcleo salen las carreras de la Animación Sociocultural que se decantan por lo social y olvidan lo cultural.

Demasiado bello para que durara.

Vivo una época ciudadana extraordinariamente prodigiosa.

**La gestión cultural irrumpe en los noventa.** El divinizado Jack Lang, ministro de Cultura en el Gobierno de Mitterrand, al asumir su cargo mete en el Ministerio artistas inconformistas y guitarras eléctricas para desburocratizarlo. Y lo logra. La catástrofe llega cuando una élite transforma este gesto de desafío en el nuevo paradigma para la cultura pública, que opta por los artistas, últimos héroes laicos, como profetas para los nuevos tiempos y monta la gestión cultural como plataforma para dar a conocer sus creaciones y ocurrencias, divinísimas. Y con el tiempo, carísimas. Lo vivo así. No me apunto. Lo hacen la mayoría de animadores socioculturales porque hay mayores oportunidades para su profesionalización.

La gestión cultural logra crear una red de centros para la cultura, disponer de presupuestos, profesionalizar el sector o estructurar políticas culturales públicas en las ciudades. No es poco. Se olvidan de las tierras rurales. Y optan, mayormente, por la difusión de creaciones artísticas personales o de grupos. Su ya larga historia desde los noventa, controvertida, no dudo en cualificarla de positiva.

Acampo en sus márgenes.

El tufo a la glorificación de artistas me harta.

Su individualismo narcisista me alarma.

Su centralización en las grandes ciudades es gradiloquente.

Pero la uso, dándole un giro radical, en mi larga relación con las ciudades grandes de Latinoamérica:

donde la gestión cultural hispana coloca a los artistas, yo coloco a los ciudadanos. Este giro empieza en un seminario multitudinario que comparto en la universidad pública de Buenos Aires, al que se apunta toda la élite cultural de la ciudad. El resultado es el libro *Se acabó la diversión. La cultura crea y sostiene ciudadanía*, que fue *bestseller* en Latinoamérica y de lectura obligatoria en todas sus facultades que han impartido Gestión Cultural. Todavía lo amo. Primero lo edita la universidad con un diseño impactante. Después la Editorial Paidós.

Los ciudadanos en el centro, marca mi trayectoria.

**La plaga de las industrias culturales del dos mil.** Llega de USA, de la mano de empresas interesadas en captar clientes para productos que se presentan como culturales, pero que son simplemente para el entretenimiento y la diversión. Otro sector. Puro negocio que contamina la cultura, que jamás puede ser solo dinero. La cultura, como la educación, la sanidad y los servicios sociales básicos, es siempre pública. Por eso pagamos impuestos. Lo olvidamos fácil y estúpidamente: componen la base popular de la democracia radical.

Siembran confusión, aguas revueltas y dinero fácil. Optan en su oferta, mayoritariamente, por el no pensar. Y por lo más grande y enormemente intrascendente. Su horizonte: un mundo convertido en un único mercado global totalizante en el que seamos todos clientes, animado desde la diversión. El pan y circo romano reaparecen con lo que nos presentan y nos venden como la gran panacea de la nueva *pax* americana. ¡Socorro, auxilio!

Su campo de acción prioriza los contenidos del espectáculo audiovisual que, en infinidad de productos, apuesta por la violencia narrada directa o soterradamente, por limpiar el capitalismo salvaje de manera sutil y por producciones para la pasividad adictiva individualista. Parece que su lema de marca reza: «Evita lo común, quédate en casa: opta solo por las grandes producciones comerciales para masas inmensas». Yo lo interpreto como «achica tu conciencia crítica, olvídate de lo generosamente civil». Macabro y malvado equilibrio entre hiperindividualismo e hipermasificación.

En todo, tarjeta de crédito.

Muchos políticos se apuntan a la cosa rica para su triunfo personal construyendo grandes museos, teatros, auditorios como quien edifica túmulos para su recuerdo o para que la ciudad brille. No me extiendo. Nunca las he soportado. Continúan triunfando. Con la IA irán a más. Son como el fútbol de primera división en cultura. Los grandes festivales de música con celebridades nacionales e internacionales están ahí. También, la mayoría de los espectáculos musicales. Y las exposiciones inmersivas del «mira que tecnócratas sensibles somos» y nada más.

Esta no es una sinfonía: es un atraco a la inteligencia ciudadana compartida, vendida bajo el eslogan nefasto del «todo es cultura». Muchos de la cultura asumen el estropicio. Sigue esta infección en diferentes grados. La vacuna se llama Inteligencia Ciudadana Crítica.

**La gestión cultural de segunda generación.** Tal como andan los tiempos desde la crisis del 2008 con posteriores pandemias generales, avisos de catástrofe climática, desigualdades crecientes, guerras, avance de las derechas populistas autocrecidas, aumento del estrés y la ansiedad…, una generación más reciente de gestores culturales opta por el giro social suave: introducen contenidos de ecología, feminismo, diversidad sexual, antimilitarismo, igualdad… donde antes reinaban los héroes artistas. Sin pasarse. Sin movilizar a los ciudadanos.

Algo es algo.

Pero no asumen que la cultura es el instrumento indispensable y constante para la transformación global y radical que necesitamos para que surja otra civilización. Se quedan periféricos. Colocan acentos imprescindibles para la vida ciudadana. Y en algunos casos se ponen monotemáticos, por ejemplo, con el género o el colonialismo.

Esta gestión cultural, que continúa siendo urbana, abre ventanas y ocasionalmente transporta algunas propuestas creativas a tierras rurales.

A su vez, esta generación pone un inmenso punto y aparte a la clásica gestión cultural y es, estoy convencido, su esquela y epitafio amables, porque tal generación ha sido incapaz de aportar movimiento y respuestas esbozadas y dialogantes a las gravísimas necesidades, problemas y retos de los ciudadanos en el asustado y veloz mundo de hoy. Sus gestores y políticas no se han plantado ante el cambio climático con rotundidad; no han enfrentado las guerras de Ucrania, Gaza y tantas otras; no han montado en cólera ante las desigualdades crecientes o el auge de la galaxia autoritaria de la extrema derecha, que está aquí para, como mínimo, anular las conquistas del estado del bienestar.

Mi opinión es que su concubinato con las industrias creativas, los patrocinios y mecenazgos de empresas ultraliberales enmascaradas que buscan acontecimientos culturales para singularizar sus marcas, le roba el alma y convierte la cultura en su rostro creativo decorativo. *Serra d'Or*, la seria revista clásica de cultura que publica el Monestir de Montserrat, en su número de junio del 2024, declara su defunción con un explosivo ¡*CRAC*! ya en su portada.

Acierta.

Esta gestión continúa sin asumir que nuestros políticos culturales, desde sus aparatos de partidos anquilosados y para el poder, no liderarán las transformaciones que urgimos y que las grandes multinacionales salvajes frenan o, peor, aparentan que están por un mundo mejor desde campañas de márquetin que son puro y fraudulento maquillaje. No apuestan por esto aparentemente radical: es desde la cultura del esfuerzo —sí, esfuerzo— como cambiamos las mentalidades y esbozamos otros modelos de vida más humanos. Esta es la tarea desafiante frente a los poderosos de siempre, tan limpitos y tan para el buenismo abstracto, que la cultura debe enfrentar, sabiendo que de esta tarea se sale con arañazos.

Descansa en paz, gestión cultural.

Gracias por los servicios prestados.

Deseo mejor talento, atrevimiento ciudadano, incidencia y estrategia a los urbanos que van a reinventarla.

Yo hace años que me exilé.

Me hartaron.

**La sexta generación: movilizante e intensamente rural para otra cultura y civilización.** Cuando hace ocho años optamos por el territorio rural románico de la comarca del Berguedà, nuestra divisa de trabajo la concretamos en «artesanos para la cultura creativa en común». Hace un par de años, reflexionando sobre lo que proponemos y compartimos, la mejoramos: «Inspiramos e impulsamos otra civilización». Desde la cultura rural. Desde lo pequeño, que es hermoso.

Comporta audacia y compromiso incesante.

Optamos por una necesidad local/global.

Y aquí estamos.

Con los pies en la tierra rural y las manos dibujando horizontes compartidos continuados, conversando.

Desde hace ocho años nos sentimos gratamente periféricos, fuera del circuito comercial de la cultura de escaparate. Desde nuestra tierra rural concreta, ya somos casi árbol de cultura fértil, transformadora, contemporánea, en red, con raíces en nuestra memoria románica leída e interpretada desde el pensamiento y las artes del hoy. No estamos en segunda división. Pero en Cataluña, tenemos la sensación de que somos los raros. Nos honra. Somos, en este estilo de convivir y compartir cultura en lo rural, unos pocos más. Deseamos estar en red: nos sentimos anacoretas para otra cultura en lo rural.

Es urgente darle la vuelta al abandono.

En Tortosa visibilicé que en el Estado somos casi multitud. Con un Gobierno que nos escucha. Esto es nuevo. Y entusiasma. Con gente joven y no tanto, llena de proyectos, ilusión y trabajo hecho y por hacer. Sentí que somos primavera para otra cultura que no está por el enredo de la descentralización cultural que, me reafirmo, es colonialismo disfrazado y falta de interés público manifiesto alarmante. Aquí en Tortosa somos, como el Ebro que nos contempla, agua nueva. Que sabemos cómo canalizarla desde fracasos y proyectos imprescindibles.

Echo de menos, en demasiados proyectos escuchados y leídos del encuentro de Tortosa, que el equipo que los propone no convive en el territorio como vecinos, como iguales. Muchos lo hacen como trabajadores públicos desde gobiernos municipales. Mientras escribo sobre esta última generación y la importancia de cohabitar la misma tierra, recuerdo con nitidez la película *El maestro que prometió el mar*. Lo promete desde la convivencia en el pequeño pueblo, desde la conversación con sus alumnos y sus gentes, transformándose paulatinamente desde la educación relacional y activa. Vitalista. Hasta que llegan los falangistas. Y lo humillan. Y lo liquidan por peligroso.

Gran película ejemplar para aprender.

La cultura, como la educación, es felizmente peligrosa.

O no es cultura: entretenimiento con focos y bafles.

Esto, a su vez, me recuerda el gran esfuerzo de la República por dotar de maestros y maestras intrépidos a los pequeños pueblos. Estoy convencido de que fue uno de los servicios públicos más importantes para frenar el abandono.

Son mis héroes.

¿Es posible que el Estado desde las autonomías, demasiado autista, haga algo parecido con los equipos, asociaciones y grupos interesados en compartir cultura en tierras rurales?

¿Es pedir o soñar demasiado?

Faltan equipos mixtos de voluntarios y algún profesional que convivan en tierras rurales con proyectos compartidos, vitales, sumándose a los que ya viven, implicando a voluntarios locales intergeneracionales. Y faltan políticos y políticas públicas a largo plazo que secunden con entusiasmo y recursos esta aventura contra el abandono oscurantista y a favor de tierras rurales dignas y con futuro.

Faltan rurales que lideren su cultura

Faltan equipos asociativos para la cultura que antepongan a la sacrosanta economía el aliento y el empuje de las transformaciones, que funden el pensar críticamente con el actuar solidariamente; la ética de las actitudes reinventadas con la belleza cotidiana de los comportamientos; el civismo activo con la liberación de las sumisiones; la utopía con la sabiduría en el aquí y el ahora; el silencio íntimo con la plaza pública; el compromiso con la ternura; el paisaje con el cuidado de la tierra, o las ruralidades con lo urbano innovador.

La gran y grave enfermedad de las tierras rurales la provoca su siniestro abandono sistemático durante décadas del que saldrán —¡ya estamos en ello! — desde la suma de equipos conviviendo con sus ciudadanos, desde equipos de ciudadanos rurales con proyectos audaces para proponer y lograr resurrecciones cotidianas, algunas con gran ambición estratégica.

¿Cómo configurar esta sexta generación imprescindible?

Vamos a por ello.

**necesitamos**
**equipos para la cultura**
**que movilicen**
**las tierras rurales**
**con sus gentes anónimas**
**desde sentidos comunes**
**para otros estilos de vida**

## 2. Cultura para la interrupción y las conversaciones en lo rural: conceptos, desafíos y realidades

Cuando la asociación Civitas Cultura nos instalamos en el Monestir de Sant Llorenç —lo entiendo años después—, interrumpimos la monotonía de unos pequeños pueblos con unos edificios románicos patrimoniales no valorados. Magníficos. De primer nivel. Pueblos en los que la cultura llega con cuentagotas y algunas celebraciones tradicionales. Durante el año, abstinencia. Y si a alguien le apetece escuchar música de calidad, ver una exposición emocionante o informarse desde una conferencia sobre el pasado, el presente o el futuro, debe tomar su coche particular y viajar a la capital de la comarca —muchas, de una pobreza cultural alarmante— o directamente bajar a Barcelona. Como dicen los expertos, nos instalamos en un territorio sin derechos culturales. Marginado. Abandonado. A veces lo suelto: aquí no ha habido cultura desde la Segunda República, cuando se construyeron escuelas y bibliotecas. Este abandono es insulto democrático, «aquí os la apañáis», mientras algunos políticos vociferan sobre el vaciado alarmante en las tierras rurales.

Surrealismo insensato.

Jordi Martí, en un arranque de inteligente sinceridad, suelta en la mesa de diálogo en Tortosa que hay algo en eso de lo rural que no termina de entender. Me identifico. Y a la vez, creo que sé lo que es. O, como mínimo, qué debe aportar la cultura otra. Lo planteo desde este texto desordenado y, a la vez, tensado para vuestro proyecto. Dispara visión, ideas, críticas, anotaciones, propuestas… muy contemporáneas, para pensar, dialogar, decidir consensuadamente y actuar rápidamente. A los que este berenjenal —para mí, clave— os ponga de los nervios, en el último apartado encontraréis una síntesis.

Lo que Jordi no termina de entender me inquieta y busco aquí respuestas esbozadas porque estamos inventando algo imprescindible desde la escucha, la imaginación, la innovación y la audacia. Este algo es simple y a la vez complejo, difícil y desafiante: en estas tierras está germinado la narrativa civilizatoria para otro mundo y vida que debemos imaginar, tensar y presentar desde el somos tierra y universo compartido y vivificante, desde la igualdad.

No queremos ser más mercancía, señores.

A menudo, para esbozar esto uso la técnica de los fotógrafos, que sabiamente combinan primeros planos de cultura para la cotidianidad, con el gran angular de perspectivas a largo plazo en una tierra rural que, estoy seguro, también debe abordar vuestro proyecto: anular el abandono siniestro de destrucción continuada, crear una atmosfera de cultura otra corresponsable, con otras mentalidades y estilos de vida, abierta al mundo que necesita y, oh audacia, impulsar desde la tierra compartida otra civilización. Transformaciones, todas, urgentes, cívicas, que las tecnologías urbanas ensimismadas e internacionales, tan sobradas y ensalzadas, no nos facilitarán.

Opto por techos de pensar altos.

Apuesto por otra cotidianidad rural.

Que sea germen de otra civilización.

Desde la tierra y sus gentes coperantes.

**Las tierras rurales son las que habitan ciudadanos**, la mayoría mayores, que antaño fueron pobladas y emergentes, pero que la industrialización y el atractivo de las oportunidades y servicios que ofrecen las ciudades han ido despoblando. Quedan los resistentes. O los sin recursos. Ciudadanos de tierra y tradición. Ciudadanos como los de las ciudades, pero abandonados a su suerte. Los arraigados, que han sufrido al aceptar que sus hijos deben partir para ir a la búsqueda de mayor calidad de vida. O ciudadanos familiares que su diferencia sexual los ha empujado al anonimato de las ciudades. Ciudadanos a menudo silentes. Y sufrientes, sin rechistar. Ciudadanos, a menudo también, felizmente curiosos que en algunas ruralidades parecen brotar y estar con los pies metidos en la tierra. Acogedores. Buena gente. Algunos, con agravios ancestrales. Gentes en pueblos pequeños, donde la vida sigue. Los niños deben viajar para ir a la escuela; los dispensarios sanitarios han cerrado, como los bancos; hay alguna pequeña tienda para pan y comestibles, bar de referencia, alguna empresa superviviente; los jóvenes estudian en las ciudades y no regresan. Los mayores parecen robles imbatibles. Con un autobús regular de conexiones, un ayuntamiento con solo el alcalde y un clima de abandono que se cuela por las casas. Y una demografía más que decreciente.

En el abandono, la vida sigue.

En una variedad de grises.

Miro y remiro, por video, un pueblo de doscientos habitantes, con una carretera central polvorienta. Un joven espera el bus que lo traslade al instituto. Despierto. La historia cuenta como este muchacho, que ama infinitamente su pueblo, con tres muchachos más idean una parada de bus con servicios contemporáneos. Ganan un concurso.

Impidamos que su talento abandone esta tierra.

Durante unos días paseo por el Pirineo catalán: por la Vall d'Àssua i el Batlliu. Quiero visitar la pequeña iglesia románica de Sant Víctor de Seurí, que inexplicablemente, desde su estado de abandono, pinta Santi Moix, un pintar catalán instalado con éxito en Nueva York. Sustituye la galería de santos y escenas bíblicas o del evangelio, el paraíso celeste, por un jardín de flores frondosas, el paraíso en esta tierra amable y olvidada. Me impacta, me conmueve y me entusiasma. Gran y rotunda decisión ejemplar. Arte que, en la contemporaneidad románica, vuelve a preguntar sobre la vida que queremos y en la que vivimos.

En un pueblo cercano donde duermo, antes había tres panaderías. Queda una. Con un pan mucho mejor que el de marcas urbanas que lo presentan y venden como el de toda la vida, inmejorable y, por ello, más caro. Hablo con el panadero con premios en su obrador. Tiene un muchacho que deberá decidir si, después de estudiar, conforma otra generación al frente de un negocio familiar ejemplar. Compartimos dudas y ruralidades de futuro.

Al regresar, compro una revista doble, de dos comarcas, con un diseño gráfico actual, rebueno, un par de entrevistas y un dosier cada una. Periodismo profesional pero nostálgico: todo huele a acercarnos al pasado, sus tradiciones y modelos de vida. Ningún artículo apunta al futuro. Me inquieta. La corriente de recuperar pasado en tierras rurales sin plantear presente y esbozar futuros me subleva y me preocupa por romántica desactivada y nada crítica o propositiva.

Como por magia recompensativa, pocos días después, leo un reportaje en un periódico sobre *La Perdiz Roja*, la revista que conozco en Tortosa. Y me fascina. En la portada muestra un botijo artesano superbién diseñado. En el reportaje descubro que la revista edita unas camisetas que, en su espalda y en grandes letras rojas, proclaman: «Hacer que Castilla Mole de Nuevo». Lástima que empleen el idioma inglés. Afirman: «Nadie es Más que Nadie». Y todavía rematan: «Costumbrismo Castellano».

Bravo, *Perdiz Roja*, gracias por el ejemplo.

Un costumbrismo contemporáneo que algunos les critican y yo aplaudo con vehemencia, porque mezcla sabiamente cultura con folklore, moda, usos rurales, gastronomía, feminismo, profesiones de riesgo, talento local, propuestas regeneradoras con organización de fiestas.

El equipo *Perdiz Roja* lo forman dos muchachas y un muchacho de entre 27 y 29 años que abren brechas en el patrimonio cultural castellano demasiado olvidado popularmente y abandonado administrativamente. Esta perdiz no solo vuela a ras de tierra rural, vuela alto como ejemplo a seguir.

También leo con interés el reportaje que cuenta que Teruel dispone de quinientos castillos, viejos y ruinosos, para unos ciento treinta mil habitantes. Los del pueblo de Paracense, con menos de cien habitantes, transforman el suyo en un centro para la cultura para la comarca de Jiloca, con prioridades en el cine y la literatura, recreaciones históricas y contemplación de estrellas. Ya suman más de veinticinco mil visitas. Toda la comarca se beneficia de su programación creativa, que, además, potencia la hostelería, los alojamientos y otros servicios territoriales. No han optado por el típico y dudoso Parador Nacional. La clave: la implicación directa del pueblo. Sabios. Actuales. Innovadores.

¿Existe un plan de proximidad cultural para esta constelación de castillos patrimoniales o se entregan al derrumbe o la hostelería fina? «Teruel existe», nos recordaron. Como mínimo veinte castillos deberían reinventarse para la cultura de los pueblos de su entorno. La excusa gubernamental no puede repetir el mentiroso mantra de siempre: no hay pasta. Para la cultura en las ruralidades debe haberla si hay, antes, un proyecto a medio y largo plazo con los ciudadanos del entorno.

Una nota personal: cuando trabajaba en el Ayuntamiento de Barcelona, colaboraba con el Gobierno de Aragón. En una de esas visitas, me mostraron el Monasterio de Rueda del Ebro, a unos setenta kilómetros de Zaragoza. Me hechizó tanto que me planteé mi primer proyecto serio para revivirlo desde la cultura. En un ala del monasterio funcionaba un hotel y un restaurante de postín: negocio. ¿Cultura? Esta no acrecienta la cuenta de resultados bancaria. Su arquitectura cisterciense, con algún toque mozárabe, me tuvo un par de años secuestrado. Lo visité varias veces. Me paseé por la nave de su iglesia abacial cantando gregoriano. Desistí por la bronca de mis amigos y amigas: «¡Te ahogarás en las distancias!». ¿Tenían razón?

Soy curioso.

Me gusta aprender de experiencias.

Y estas me aportan, me inquietan y me abren perspectivas.

**Después están los neorrurales.** Los de las segundas residencias múltiples. Pero lo primero es lo primero. Vienen después y forman un conjunto un tanto dispar y homogéneo. Han escogido largarse a lo rural permanentemente o en largas estancias. U optan por la jubilación. Se instalan también por sueños o por necesidad. Importante: convivamos desde la mezcla de prioridades. Y evitemos que algunos apabullen construyendo mansiones de cine escandalosas. Demasiados pueblos rurales se ven destrozados por un urbanismo de nuevos ricos. Estos tales, en la comarca que linda con el Berguedà, la Cerdanya, la han insultado con su exhibicionismo urbanístico pornográfico de ricos sin corazón rural: pavos reales colonizadores.

Apesta a dinero.

Y están los inmigrantes que buscan mejores condiciones para sus vidas después de cruzar fronteras infranqueables y excluyentes. A estos la cultura debe facilitarles integración en la cultura común rural respetando sus diferencias culturales. Un reto que no hemos superado con buena nota en las ciudades y en las tierras rurales. Un desafío pendiente y urgente al que dedicar acogimiento y trabajo en familia. Muchos inmigrantes ya han frenado la catástrofe de la despoblación: gracias.

Una primera nota que plantea una impertinencia: ¿por qué cristianos, judíos y mahometanos en tierras rurales no podemos orar en las actuales iglesias semicerradas si todos somos gentes del Libro? ¿Por qué excluir el animismo africano y las religiones orientales si todas buscan lo inencontrable bajo símbolos distintos? El ecumenismo todavía es deseo mental abstracto. Las religiones y paralelos continúan en guerra. Además, ¿por qué la Iglesia oficial, propietaria de esas iglesias en desuso, prefiere, a menudo, que se hundan antes de facilitarlas como espacios para la cultura? En su terminología, esto es un pecado mortal por egoísmo desmedido.

Abramos el espacio para la cultura en común a todas las culturas diferentes que aporten.

Bienvenidas todas.

Mezclemos desde el respeto y el diálogo.

Y una segunda nota: buscar una definición común ante la variedad de tierras rurales me parece una labor hercúlea. No es mi propósito. Me va trabajar desde los fragmentos y las pluralidades. Me basta saber, a trazo gordo ahora y para el proyecto de vida de cultura, con quiénes voy a convivir y compartir. Llegar, pues, con los pies descalzos, el oído atento y un proyecto en equipo me parece una buena opción para compartir en el aquí y el ahora. Y siempre estoy dispuesto, con férrea voluntad de escucha, a adaptarlo desde el diálogo y el equipo. Después ya estaremos en red de redes.

No soy un sociólogo serio.

Me duele mi incapacidad.

**Primero pensar antes de hacer.** El activismo son fogonazos esporádicos que las tierras rurales no necesitan: urgen proyectos a largo plazo. Y proyectos muy buenos. Con herramientas colectivas, con un punto de desafío frente a tanto abandono incrustado. Y un sustrato de generosa adaptación constante. Regresando en coche hacia el monasterio en un largo atardecer espléndido, tomo mi libreta de apuntes para anotar lo que la cultura para la interrupción y las conversaciones debe plantearse desde cada territorio rural, según mi experiencia. Este conjunto es el que define la propuesta de una nueva generación, la sexta, para la cultura en las ruralidades.

**Los cuatro puntos cardinales para la cultura otra, la de la interrupción conversacional.** La cultura siempre interrumpe en la vida porque pregunta, cuestiona, propone, conversa, moviliza... Pide esfuerzo y respuestas. En tierras rurales abandonas por políticas y programaciones, más. Las empresas se han largado corriendo de todas estas tierras por falta de clientes y clientes con recursos. La cultura ahora interrumpe en mayúsculas. Y conversa amablemente desde la escucha con minúsculas plurales. Siempre acompaña. Jamás fuerza, impone, manipula. Esto es diabólico.

Maldades ya tenemos suficientes.

¿Qué interrupciones para la conversación conforman el primer cuadrilátero básico, común, indispensable y estructurante?

**1. *Cultura para los sentidos comunes compartidos*.** La cultura es, ante todo, una apuesta ética —¡oh, la olvidada ética propositiva y convivencial!— por valores cívicos que conforma el estilo de vida y mundo con el que queremos, juntos, convivir y en el que queremos vivir desde las diferencias. Valores que jamás se quedan en abstracciones. Se encarnan, como dicen los antiguos-más-contemporáneos-que-nunca, en ciertas actitudes, prácticas, interacciones, modelos de vida, que nos interrelacionan. La cultura crea, recrea, inventa, propone, reconfigura conciencia y vida, más vida en común, en primer lugar.

No es poco ni secundario.

Confundir la cultura con algunas de sus expresiones y productos, como la pintura, un museo, las músicas o las tradiciones y *performances*, es de miopes y objetualistas sin corazón palpitante. Sin suspiro compartido. Cosa de gestores culturales que solo piensan en el surtido de productos creativos de estantería para programar y en contar los públicos como ovejitas con entrada entre los dientes… O, peor, suspiran por la moda última en lo urbano espectacular.

Así que, ¿qué valores claves, indispensables, actuales y con futuro, para vuestra tierra rural? Pocos. Seductores. Enormemente deseantes. Vivenciales. Para compartir, despertar, emprender, resurgir. Para avanzar en calidad de vida. Y de estos debéis priorizar uno, para irrumpir desde el, con fuerza y audacia, en la tierra rural. Facilitará dar el salto, explicitará la interrupción con los pies en el suelo y la inteligencia emocional de lo que propone trazando futuros otros.

La cultura de la interrupción y las conversaciones para que sea, desde vuestro proyecto, más disruptiva, innovadora, contundente, comunicativa, debe priorizar este solo valor nuclear que surge de vuestra escucha y os parece más urgente y apropiado para la tierra rural en la que vais a estar conviviendo. Uno como eje, como hilo rojo conductor y, por qué no, seductor, implicador, deseante. Es vuestra propuesta nuclear para liquidar el abandono y propiciar, con los ciudadanos, otra vida emprendedora, cualitativamente humana y compartida.

Lo contaré en detalle y pondré experiencias y ejemplos. Prometo mucho: responderé en todo.

**2. Somos gratificantemente pueblo**. Los pueblos, en el inicio de los ayuntamientos democráticos, experimentan un despertar de servicios públicos buenos y urbanización renovada, espacios y acompañamientos para una vida mejor, conjunta. Aquellos bríos han tenido desarrollos desiguales. En una infinidad de pueblos en tierras rurales estas expectativas se encogen rápidamente o directamente casi desaparecen. Un cierto auge aparece con el regreso de sus antiguos habitantes o descendientes que reedifican sus casas como segundas residencias, especialmente para pasar el verano o el último tramo de sus vidas. A algunos, el turismo invasivo los ahoga. A otros, la maltratada inmigración los restaura.

*Somos pueblo,* un buen propósito para cualquier proyecto, porque apuesta por la voluntad de los ciudadanos para convivir conjunta y de manera intergeneracional, buscando soluciones a las necesidades y problemas que afecten a todos, mejorando la calidad de vida común; reinventando otra atmosfera más valiente y con sentidos comunes emprendedores que ya no toleran el abandono ni las excusas burocrático-políticas.

¡Menudo compromiso!

Un pueblo comporta formar parte activa de una apuesta colectiva con memoria del pasado que empuje a replantear con audacia el presente desde el que diseñar el futuro. Construir o reconstruir pueblo, por todo ello, es proyecto primero de cultura nuclear en tierras rurales. No importa el número de habitantes: importa la voluntad de convivir en el hoy/mañana. Nunca derrotados. Siempre con iniciativas a pesar de tiempos y situaciones dificilísimas. Conformar pueblo implica optar por lo más humano que nos habita: un proyecto colectivo acordado, mantenido, incrementado y evolutivo.

Lo olvidamos frecuentemente.

Cuando leo gustoso el libro catálogo publicado con motivo del encuentro de Tortosa, me enamora que todos los grupos que trabajan en ruralidades tienen por presente impulsar y compartir pueblo, al que muchos llaman «comunidad». Lo proponen, muchos, desde aportaciones de proyectos puntuales. Ya vendrán los permanentes. Porque un pueblo avanza conviviendo. La continuidad es indispensable. Desde el morder lo cotidiano compartido, se construye. Pueblo es sinónimo de horizonte. De valores comunes en acción directa. Día a día. Año a año.

Sin descansos.

¿Iluso?

Con honra.

Los humanos tenemos un gen cultural indetectable que nos impulsa a relacionarnos, a convivir en grupos. A desear avances. A imaginarlos. Somos estructuralmente sociales. Impelidos a construir y habitar pueblos. Que se agujerean con envidias, chismorreos, cotilleos, ofensas de familia... Y en democracia, se desvanecen por olvidos públicos imperdonables. O pasividades ciudadanas preocupantes. Todo esto, pueblo pasivo, deshilachado, con roturas, podemos recrearlo, reconstruirlo, ponerle parches sanadores desde la cultura de la interrupción y las conversaciones. Es, seguro, tarea primera. Con talento. Diálogo. Paciencia. Proyectos.

Desde y con los ciudadanos.

Con entusiasmo.

No son pueblo los que optan por el individualismo excluyente desde el hacer lo que les da la gana, incluso salvajemente, sin tener presente lo común: la corresponsabilidad. Esta actitud impulsada con frenesí y vociferada con malicia por el capitalismo explotador rampante, nos inunda y destruye como pueblo-en-común. Hoy lo sabemos.

Conocemos sus nefastas consecuencias.

Y no reaccionamos.

Estos tales, en lo urbano contemporáneo, son huracán.

En lo rural, este individualismo es fruto del sálvese quien pueda.

A menudo asoman individualismos de desestructuración social desde la envidia.

En lo rural abunda.

**Una nota dura.** Real. Construir pueblo en tierras rurales a menudo comporta enfrentarse a desafíos graves. Porque las soledades, los arañazos entre vecinos, la falta de servicios para la convivencia, los rencores varios… sitúan a pueblos muy abandonados en límites donde la violencia está intermitentemente presente.

Recuerdo *As bestas*, la película de la violencia creciente hacia una familia recién venida, inmigrante, que no gusta a un hombre con alma de bestia salvaje. También es pueblo. Pensar las tierras rurales sin sus estómagos podridos es de ilusos neocumbayás. No tener esta complejidad presente, con sus violencias manifiestas o soterradas, imposibilita un trabajo de cultura transparente, transformativo, colaborativo, por más difícil que parezca

A menudo, y lo he vivido, los enfrentamientos vienen dados por cuestiones de rivalidades políticas o familiares. Las diferencias políticas en diálogo construyen democracia. Las impulsadas por las extremas derechas autoritarias la destruyen. Los insultos y arrogancias entre partidos por estupideces provocan desilusión. Las violencias familiares exigen capacidad de generosidad y pactos.

En las tierras rurales existen diferentes violencias que corroen la humanidad colaborativa que todo pueblo necesita para convivir. La actitud, ante toda esta complejidad, y en cultura, es la del campesino que no se asusta y busca soluciones, no la del jardinero urbano con manual de instrucciones en diez minutos.

Lo rural romántico nunca ha existido.

**3. Cultura para el acceso a programaciones creativas de calidad.** Las tierras rurales son, todavía hoy, desiertos sin el agua constante de propuestas creativas de calidad. Llegan algunas, empaquetadas mayormente por diputaciones, autonomías o el estado. O por grupos que aterrizan en forma de bolos puntuales. O llegan para las fiestas mayores y patronales con una calidad discutible.

Tienen, algunas de estas tierras, tradiciones populares de una calidad mayúscula. Que emocionan en lo más íntimo. Algunas están altamente embalsamadas. Deben no solo renovarse, sino convocar comunidad festiva y amiga, implicando a los jóvenes que viven en las tierras y los que estudian o se han establecido fuera. Una fiesta radicalmente popular siempre abre rendijas al futuro, deseos de vida mejor otra. Son momentos de culminación.

Todo este olvido se ha perpetrado a conciencia desde políticas públicas que priorizan los grandes y majestuosos eventos en teatros, auditorios, museos y demás en los centros de las grandes ciudades. Me parece esto tinglado escandaloso por desigual, con prevaricación y alevosía. Comprendo que una ciudad debe programar eventos creativos extraordinarios, pero es injusto dedicar millones a un concierto de música, ópera, teatro… que solo se representa una vez o un par.

Despilfarro asombroso.

Para las élites de siempre.

Al grano: hemos de facilitar que los ciudadanos de tierras rurales puedan acceder a los acontecimientos de calidad urbanos. Un pueblo no tiene murallas. Y tenemos la obligación de asegurar que exposiciones, músicas, teatro, danza… de pequeño formato estén, con una programación de calidad estacional continuada, en lo rural. Lo pequeño y próximo no es menos interesante que lo grandioso con aparato de propaganda ensordecedor. Cualquier excusa que continúe con el abandono cultural es siniestra. Y, si es económica, es un insulto pornográfico: dispongamos de políticas públicas dotadas económicamente para los territorios rurales.

Pongo un ejemplo: destinemos, a estas programaciones, los enormes recursos que lo público dedica a financiar los macroconciertos multitudinarios en temporadas veraniegas: son comercio de entretenimiento. O a caprichos artísticos de algunos creadores, políticos y grupos.

Los caprichos se pagan con capital privado.

Estas programaciones creativas las proponéis y programáis porque en su corazón de inteligencia y su expresión de emociones comunican, comparten actitudes, sentimientos, ideas que inquietan, aportan, preguntan y abren horizontes emocionantes para la vida en plenitud. Propuesta a propuesta. Incansablemente.

Iluminan grises.

En el capítulo de la gestión me extiendo sobre la programación continuada.

**4. Ruralidades para otra civilización.** Las tierras rurales deben tener voz propia, desde sus culturas comunes y singulares, en estos tiempos complejos y poco saludables en los que una civilización enferma por la avaricia de su capitalismo totalizante y salvaje, destruye la tierra e impone un estilo de vida comercial absolutista que ahoga todo atisbo de humanidad altruista. Voz propia, y ojalá dialogante y complementaria, frente a unos gobiernos acojonados y sumisos eunucos de sus influencias nefastas. Voz propia frente a una masa infinita de ciudadanos que se entregan, obsesionados, a la carrera por el éxito personal para poder atiborrarse con compras superfluas. Si no se entregan, por falta de trabajo o pésimamente remunerado, suspiran por entregarse. Triste panorama, desierto árido, iluminado con leds de colores brillantes. Alzar otra voz ante esta civilización en cuidados intensivos, herida y maltratada, es un imperativo ético desde la otredad de las tierras rurales.

Estoy convencido de que la exaltación de lo urbano infinito está en horas bajas por crisis encadenadas no resueltas y por saturación de gentes aglomeradas, con falta de vivienda, trabajos indignos, perspectivas de futuro borroso y estrés creciente. Las ciudades están desbordando sus límites y provocando ya más problemas que facilitando bienestar. Lo digo desde mi alma urbana. No todo, pero, en el desquicio último de nuestro mundo en destrozos varios, supura derrota.

Los cielos andan encapotados.

Y crece el amplio consenso del así no podemos seguir, a pesar de que los movimientos sociales están acatarrados desde la pandemia.

En las tierras rurales la vida respira otramente.

Me parece que el movimiento para el despertar de nuestra pasividad bochornosa ciudadana y democrática ha de surgir de la cultura en tierras rurales, porque en ellas todavía late, quizás demasiado tenuemente, otra manera de vivir y convivir. No podemos continuar esperando la catástrofe intuida, inertes, que será ecológica, en forma de pandemia apocalíptica o será por el desencanto insoportable de la desigualdad inhumana. Reaccionaremos, no lo dudo.

Espero que no sea demasiado tarde.

El grito saldrá de las tierras con corazón humano.

No de las tecnologías avanzadas.

Y no me etiquetéis de utópico: llevo ocho años en el fregado. Si me colgáis el sambenito de visionario, os lo agradezco.

Aquí, y es imperativo, lo que debemos hacer es obvio: movilizaciones con causa. Y causa incuestionable y común. Desde redes de pueblos de tierras diferentes que abarquen el país. Movilizaciones autónomas, ciudadanas, y no contaminadas ni por partidos ni sindicatos. Ciudadanos con ciudadanos, proponiendo ideas, parando estropicios, reclamando transformaciones radicales, mostrando experiencias de vida otra. Movilizando, movilizando y movilizando. No podemos quedarnos en la cultura, en las tierras rurales, del solo impedir que se pierdan las fiestas populares y sus tradiciones ancestrales. Necesitamos tierras rurales que sabiamente interrelacionen memoria de vida humana digna y libre, esencial, con lo contemporáneo complejo y herido.

Necesitamos tierras rurales prepositivas.

Amable y contundentemente críticas.

Su voz en el desbarajuste, especialmente en el cambio climático, los productos de comida no industrial… es imprescindible. La cultura en estas tierras, pues, debe ser vivencialmente política, transformativa, que no podemos confundir con partidaria.

Esto supone un largo trabajo a la media y a la larga, con un horizonte ético de visión compartido en redes y un trabajo local intenso, generoso, confraternal y apasionado.

Desde ya.

Con generosa complementariedad de experiencias e, insisto, movilizaciones. La voz de las tierras ha de resonar en el país despertando a zombis consumistas, tocando las trompetas de plata porque otra civilización es posible.

Y ya la estamos impulsando desde la cultura.

No desde bafles.

Estoy convencido, además, de que la narrativa ciudadana para otra civilización debe tener por eje la tierra que hemos maltratado por los abusos de un progreso depredador y destructor. Lo urbano, en el cambio climático, se ha quedado en campañas desde movimientos sociales ahora en estado de pausa, tristemente. Ya casi eso del cambio climático se ha convertido en salmodia desactivada o en decoración de discursos sin propuestas de transformación radicales y reales.

Esta civilización, que hemos centrado en la sacrosanta economía y, últimamente, en el sustento del 1 % de la población avariciosa, debe alumbrar -y no será fácil y pedirá lucha democrática feroz y no violenta- otra que gire en torno a la tierra, nuestra madre común y el cosmos, nuestra atmosfera de humanidad compartida en igualdad corresponsable. Espero que no sea demasiado tarde.

Y espero, contra toda desesperanza, que este renacimiento para la transformación urgente lo lideren las tierras rurales desde la cultura otra.

Deseo dedicar el último tramo de mi vida a este improbable desde la acción directa en la tierra rural que habito.

**Otras notas complementarias inspiradoras.** Me gusta pensar, reflexionar, en bucles chinos que a menudo se desarrollan desde una misma raíz para encontrar ángulos de perspectivas diferentes y sugerentes. Facilitan creatividad y acción. Y, si a la vez se comparten en equipo, energía y acción cooperante.

*a. Cultura en simbiosis con otros quehaceres.* Debemos centrarnos en facilitar, en compartir cultura emprendedora para la vida otra que la tierra rural espera y quiere. La cultura impulsa aire de creatividades activas, no perezosas, inconformistas, un tanto felices. Agita. Propone. Pide generosas respuestas comunes y personales. Corresponsables. Constantemente susurra y a veces grita: «¡Despertémonos, alcémonos, movilicémonos!».

A la vez, la cultura debe colaborar, obligadamente, con todos los grupos, asociaciones, instituciones que en una tierra empujan trabajo para todos y no humillante para nadie, dando soporte a las pequeñas empresas rurales, muchas innovadoras, que cuidan la agricultura, la ganadería y sus productos derivados, tantos y tan posibles desde lo artesano, trazados y gestionados de otra manera más sostenible medioambientalmente, con instrumentos de hoy, con trazos de hoy. Cooperad con ellas. Debe facilitar que haya trasmisión generacional en oficios y trabajos. Debe dar soporte a las campañas, asociaciones y movilizaciones que impulsan mejor sanidad, educación transporte, servicios básicos, ecología, acogida de inmigrantes, vejez asistida para la dignidad...

¿Demasiado?

Hay una manera de colaborar fácil y primera: facilitemos nuestro espacio para la interrupción y las conversaciones. Comuniquemos sus propuestas, compartamos sus resultados. Seamos cómplices.

Tracemos estrategias y acciones movilizantes de suma.

La cultura que impulsáis debe potenciar, también, grupos de jóvenes e intergeneracionales para que sean actores activos en el teatro, las literaturas, la organización de fórums de cine, la propuesta de acciones para parar el cambio climático, la renovación de las fiestas populares y las tradiciones de memoria colectiva, la creación de grupos de música y las artes interculturales... Sed viveros de cultura para la expresión colectiva y personal.

Dadles soporte y asesoramiento, motivación y oportunidades de actuación en vuestra programación y en otras. Facilitadles talleres de aprendizaje. Viajad a ver teatro, músicas de calidad o exposiciones con ellos. Afianzad equipos.

Al inicio todo esto parece imposible.

El reto: ¿cómo lo hacéis realidad con motivación, paciencia y entusiasmo en tiempos en que las pantallas nos inundan de pasividad y, en tierras rurales, los jóvenes se largan a las ciudades por estudios o trabajo?

Cuando la cultura se queda en sus productos o propuestas de música, teatro o demás, se convierte en tienda mona de bellezas y pensamiento a un metro del suelo.

Se academiza.

Se convierte en jarrón chino.

Se cosifica.

Cuando lo quiere abarcar todo, se vuelve impotente.

**b. Cultura para un diálogo reconstructivo entre tierras rurales y urbanas.** Hasta ahora este diálogo de intercambios proactivos ha sido imposible por el abandono indecente de las tierras y el olvido de las gentes que las habitan. Lo rural se ha convertido en el campo de descanso de lo urbano. Un patio de atrás para vacaciones y fines de semana. Estamos viviendo en el monólogo de la proactividad acelerada de lo urbano venerado y ya con síntomas de desquicie. La cultura dominante es urbana y ahora también triste y grandemente comercial y tecnológica. Pero la voz de las tierras está aquí, frágil, imprescindible. Como el violín en los conciertos de Mozart que surge de una amalgama de sonidos y se nos lleva nítidamente a lo improbable.

El diálogo de las tierras abandonadas con las tierras urbanas infectado por un enorme vacío existencial es de urgencia ética para imaginar y construir otra civilización no dominada por el único progreso, que nos dicen imprescindible y nos está llevando a la extinción. Debe abordarse en un plano de igualdad democrática. Y desde la cultura del sentido que siempre nos pregunta cómo vivimos y cómo queremos vivir.

Fascinante tarea.

**c. *Una rueda de acentos plurales para enfoques complementarios.*** A partir de estos puntos estructurales, básicos, indispensables, cada proyecto a la corta, media o larga, puede optar por acentos, subrayados o primacías concomitantes. Aquí anoto la lista escrita a voleo, garabateada en el regreso de Tortosa, inspirada y sugerente desde lo que he vivido, practicado y compartido. Estos acentos pueden acompañar, con énfasis emocional, el valor de marca de interrupción para explicitarlo, narrarlo con mayor destreza y vigor. Y abrir, desde él, ventanas.

Cultura para la vida plena

Cultura per la recreación de lo abollado
Cultura para lo común desde las diferencias
Cultura para el sentido cotidiano
Cultura para afianzar democracia avanzada
Cultura para el acompañamiento
Cultura para cuidar la tierra
Cultura para la hospitalidad con los inmigrantes
Cultura para las tradiciones vivas
Cultura para la permanencia en los pueblos
Cultura para la alimentación de proximidad
Cultura para las igualdades solidarias
Cultura para el dialogo con las ciudades
Cultura para la red de ruralidades
Cultura para la calidad de vida compartida
Cultura para parar abusos
Cultura para gobiernos colaborativos
Cultura para impedir marginaciones
Cultura para patrimonios en vivo
Cultura con alma actual
Cultura con educación relacional
Cultura para la salud
Cultura para sumar esfuerzos
Cultura para proyectos compartidos
Cultura para la inteligencia emocional
Cultura para crear ocupación
Cultura para las libertades
Cultura para impedir el cambio climático
Cultura con los jóvenes en equipos activos
Cultura con las diferencias sexuales
Cultura con las mujeres despiertas

Cultura para superar el colonialismo urbano
Culturo para el regreso a lo humano íntimo
Cultura para las fiestas que nos unen y abren
Cultura para saber más y mejor
Cultura para llenar soledades
Cultura para las artesanías
Cultura para cuidar la tierra madre
Cultura para la comunidad plural
Cultura con las culturas animales
Cultura para evitar individualidades cerradas
Cultura para la energía vital colectiva
Cultura frente a todas las barbaries
Cultura para acompañar a los mayores
Cultura para evitar el mercado salvaje expansivo
Con los más pobres, los últimos
Cultura de vigor con grupos, asociaciones y movimientos sociales
Cultura para la amistad del amarnos

Días después, todavía bajo el embrujo de lo vivido en Tortosa, garabateo algunas ideas para presentar arte en tierras rurales, porque el arte es aparición contra la impotencia, grito frente el abandono, nos absorbe para hablarnos íntimamente de lo que deseamos y no nos atrevemos, o nos impulsa a superar estrecheces en las que sobrevivimos y nos movemos. Arte que refuerce el proyecto, abra, pregunte, ilumine desde el valor de marca ético cívico optado.

Arte para borrar la monotonía vital
Arte para extraer luz de las sombras
Arte para el sentido en medio del caos cotidiano
Arte para pensar desde lo inquietante
Arte para hacer visible lo invisible
Arte para comprender otras realidades
Arte para la conciencia profunda
Arte para transformarnos constantemente
Arte para conectarnos íntimamente con la tierra
Arte para ultrapasar límites impuestos
Arte para construir un nosotros amplio y plural
Arte para fertilizar tierras rurales
Arte para las emociones intensas
Arte para el diálogo entre culturas

Dejo ambas ensaladas inspirativas tal cual.

**d. *Algunas perspectivas para las ruralidades.*** Estoy un par de días frente al Mediterráneo. Lo necesito antes de iniciar la programación del verano 2024 con más de sesenta propuestas para la cultura: me largo a mi pequeño apartamento frente a ese mar de culturas incesantes. Me urgen sus azules. Ando por la orilla, contemplo los cambios de luz continuados. Por las tardes escribo, en la libreta de Tortosa, ideas que me asaltan para la cultura en tierras rurales. Releídas, observo que algunas ya las he esbozado. Las dejo: hay cuestiones que conviene repetir, retener en primer término.

**d.1. Orgullosamente lentos.** O el *festina lente*, el lema de César Augusto, «apresúrate despacio». ¡Menudo consejo!

En lo urbano se venera la ninfa de la instantaneidad y la diosa emergente de la IA, dejándonos sin tiempo para pensar y debatir, imprescindibles para la democracia. Contrariamente, el largo y vergonzoso abandono global de las tierras rurales las ha convertido en tierras lentas, propiciando el abandono de ciudadanos que anhelan progreso para una mayor calidad de vida en lo urbano.

Es un hecho.

La mirada de estas tierras desde la cultura de la interrupción y las conversaciones propone otro enfoque a este abandono inmisericorde: su lentitud es una oportunidad para imaginar, ensayar, acometer, experimentar… otras formas de vida.

A lo bruto: ¡otra civilización!

La vida en tierras rurales, con sus ritmos de espera pausados, marcados por la agricultura y la ganadería o el fracaso de unos tiempos de industrialización efímeros, por el clima incontrolable y las distancias, cuestiona el actual capitalismo digital y mercantil a ultranza, necesitado de celeridad, rapidez y trabajadores autoexplotados, todo tan definidor de la modernidad avanzada. Parámetros que colocan lo rural en lo no actual. En los tiempos líquidos, estas tierras suenan a antiguas, paralizadas. Sus gentes no se amoldan a las obligatorias tecnologías de lo productivo veloz y estresante.

Las tierras rurales, con todas sus urgencias de mayor calidad de vida compartida -no nos montemos paraísos- son tierras donde aprender y practicar aquello que intuimos con la pandemia y abandonamos irresponsablemente seducidos por la serpiente del mercado deseante y seductor: es posible vivir y convivir de otra manera para que la naturaleza se restaure, la fauna regrese a los pueblos y ciudades, y los ciudanos aprendamos de la soledad pensante y la acción compartida. La lentitud pandémica frenó el agotamiento sicológico de lo cotidiano trepidante y la depredación de la naturaleza.

La cultura debe acompañar el mantenimiento de este saber estar y convivir lento en tierras rurales, sin romanticismos poéticos cursis. Reinventándolo con inteligencia emocional ciudadana. Debe mostrar a lo urbano autocomplaciente que son posibles otros estilos de vida donde la rapidez y la velocidad no son valores humanos: solo comerciales extremos.

Este no es un trabajo fácil.

No todo debe ser dominado y mostrado en TIKTOK.

No todo en la vida debe ser fama y éxito.

**d.2. *Algunas preguntas apremiantes.*** Cualquier proyecto en proceso de cocción pide pensamiento otro, reflexión compartida, imaginación creativa y apuestas concretas a medio y largo plazo. Sugiero algunas incómodas:

1. ¿Cómo queréis las tierras rurales ante la invasión de robots, algoritmos y sistemas automáticos de decisión?

2. ¿Qué proponéis ante la aceleración agotadora del sistema de trabajo y el narcisismo cerrado que lleva al desamparo, al cansancio en la vida y al agotamiento?

3. ¿Continuaréis apostando por el avance técnico soberbio?

4. ¿Cómo os situaréis ante el espanto de las macrogranjas y la agricultura industrial?

5. ¿Qué postura optaréis, como tierra diferente y no sumisa, frente a los señores feudales de las nubes digitales y los fondos de inversión?

6. ¿Creéis todavía que la tecnología actual puede convertirse en un gran sistema para facilitar relaciones y progreso humano?

7. En este mundo de desigualdades feroces, ¿cómo cuidaréis cooperantemente las tierras rurales, a sus gentes, a sus inmigrantes...?

8. ¿Cómo os relacionaréis con los que potencien agricultura y ganadería de proximidad?

9. ¿Cómo colaboraréis con los que gestionan el turismo para que no sea invasivo?

10. ¿Cómo trabajaréis en red colaborativa con escuelas, asociaciones, movimientos sociales o grupos con propuestas?

11. ¿Cómo os dotaréis de un espacio que sea referencial para la cultura de los pueblos del entorno y la comarca?

12. ¿Dejaréis que cincuenta años de supermercados emborronen los diez mil de campesinado?

Y otras, que son casi infinitas.

***d.3. En espera de la red de tierras rurales en movimiento.*** Insisto y soy pesado porque me parece indispensable, nuclear y estrategia de futuro.

Para otra cultura no seáis activistas, no propongáis propuestas sin un porqué. Y proponedlas en lluvia fina.

¿Todo chungo en nuestros tiempos?

Detesto el apocalipsis de demasiados.

Hay escapes: podemos abrir grietas.

En tierras rurales es todavía posible no sucumbir a la agotadora vida urbana, tan veloz, tan contundentemente deseante por consumir y poseer. Es posible no inclinarse tan fácilmente al sometimiento de la vida al dictado por lo que les conviene a los poderes siniestros económicos o tecnológicos y a las guerras partidarias interminables que acarrean decepciones y frustraciones, estrés y agotamiento.

Las tierras rurales no son el paisaje de pinturas idealizadas.

Son, y es mucho, la diferencia.

El estrés, en ellas, puede ser menor a pesar de la falta de servicios públicos indispensables.

Y han aprendido a resistir.

Viviréis los amaneceres, los mediodías y los atardeceres, y los cambios maravillosos y atrapantes de las estaciones.

Conviviréis con vecinos diferentes y luchadores.

¿Migajas para otra vida?

Los humanos necesitamos estas vivencias: no son veleidades, son comunión con la naturaleza y sus gentes.

¡Lo que somos!

Aquí las expectativas urbanas centradas en la eficiencia, eficacia, productividad, fama, relumbrón o dinero fácil, encallan. En lo urbano ya casi no hay tiempo para pensar: solo tiempo para ser rentables, consumir y todo ello a alta velocidad. En las tierras rurales la exigencia capitalista para adaptarnos como guantes a su mano de hierro anda más lentamente.

Aquí el *si quieres puedes* suena a engaño.

La cultura en las tierras rurales necesita proyectos a largo alcance y consensuados, que opten por otros valores no subordinados a tales estrategias y propagandas comerciales, impartidas hoy con soberbia por *youtubers* ufanos que las sostienen y comunican con palabrerías y acciones varias de distracción y presentan como imprescindibles.

Marcan insípidas conductas.

Estamos en tierras para alternativas.

Debéis ser diferentes e ir a más.

¿Más para qué?

Para, desde el sumar y el coordinar pluralidades, alzar la voz de las tierras rurales -dale, dale, Toni- para estar presentes en el debate y las propuestas otras que imaginen, empujen y construyan, insisto hasta el hartazgo, la civilización otra que necesitamos con urgencia.

Hasta el presente las voces son urbanas.

Intermitentes.

Urgimos un *festina lente* de un movimiento social transformador desde esas tierras que, abandonadas, reinventan sus vidas en común continuadamente.

No es opinable.

Es urgente.

¡Deben convertirse en líderes!

Y cuando sea imprescindible, que aporreen alguna mesa.

**d.4. Proponed, desde una casa del alma, cultura abierta a todos.** Frente al Mediterráneo recuerdo que los romanos, en el cruce de las dos calles a partir de las cuales se edificaba la ciudad, entierran una casa del alma de barro como buen augurio de futuro y símbolo para una ciudad como gran casa compartida; que la

Iglesia tiene en el centro de los pueblos su templo como casa para la asamblea, y que los jesuitas, en las célebres Misiones del Paraguay, edifican templos con estancias para una civilización de mestizaje: ved la película *La Misión* como ejemplo de un proyecto cultural desde cero, deslumbrante.

Cada proyecto en tierras rurales empieza en un espacio patrimonial en desuso -iglesia, cine, escuela, almacén…-- que se convertirá en referencial para la cultura que alimenta y energiza otramente la vida en los pequeños pueblos. Espacio que, más tarde, puede replicarse, diferentemente, en otros pueblos cercanos o de la comarca.

Los proyectos, seguro que buenísimos, que no se aterrizan en un espacio referencial me parecen aves que anidan esporádicamente en los pueblos: no logran comunidad de cultura emprendedora.

Desde esta casa es más fácil colaborar con escuelas, grupos con causa, asociaciones civiles varias o conjuntos de ciudadanos para tareas concretas. Y proponer programaciones continuadas, indispensables. Siempre son casas relacionales para la cooperación y la transformación.

Casas para el alma de cultura cotidiana compartida.

La cultura que no colabora con otras organizaciones desde las diferencias se convierte en una isla, tal vez preciosa, pero no fértil.

Se museiza.

### d.5. Desertización de la cultura urbana y primavera en la de las ruralidades.

La cultura urbana, queda rotundamente claro, anda en declive hace algunas décadas sin que se vean brotes verdes duraderos de otra cultura que la sustituya. La han erosionado con premeditación y alevosía. Ya no es un hogar común desde las diferencias. Y surge el miedo. La han maltratado y despedazado la mutación de valores radicalmente humanos, substituidos por imperativos comerciales entorno a las catedrales del consumo insaciable. Y más recientemente, el vendaval de mentiras y anti valores democráticos que, con vehemencia, impulsan los populismos de las derechonas aquí y internacionalmente con liderazgos de terror disfrazados de opciones para mejorar vidas y un puñado de pasta detrás para asegurar implementación. Hay un manifiesto regreso de la barbarie.

Me enferma y a la vez me pone pilas.

La globalización económica se ha transformado en el nuevo e imprescindible paraíso en la tierra, manejado por mafias financieras y tecnológicas sin escrúpulos. El reinado absolutista del individualismo cerrado y obsesionado por el éxito y el hedonismo acrítico parece que es obligatorio en lo urbano rutilante. Internet se ha convertido en la red de relaciones e informaciones donde parece que los más estúpidos e idiotas ocupan tronos venerados. La laminación de los sentidos compartidos para la democracia o la vitalidad erótica compartida del sexo y la liquidación de las costumbres cualitativas y colaborativas son síntomas espeluznantes que los sentidos éticos han sido substituidos por normas de homogenización frías e impuestas por celebridades estúpidas y peroratas de partidos solo anhelantes de poder en contubernio con medios de comunicación sin información verídica y solo noticiones para vender más.

Las utopías son canceladas y sus pocos fieles somos declarados románticos excéntricos apolillados. Hoy pensar es anacrónico. Y el pensar crítico, un signo de subversión que vigilar. La cultura gira entorno a la gastronomía, las series, los divinos, el esplendor de la moda y los ricos.

Estamos en el triunfo de lo frívolo.

Es la incultura de lo fósil.

Me siento no sólo extraño y dolido: ya me importa un bledo toda esta tontera trituradora desde Reagan, el de la nueva *pax* económica americana al estilo Hollywood y de la británica Thatcher, la mujer infame, dama de hierro contra los ciudadanos. Los mandamases y sus corderos les hicieron caso, animalitos hacia el matadero de lo público. Lo he vivido. ¿Exagero? Ojalá. El empobrecimiento cultural urbano, de un grisáceo tenebroso, no espero que me dé la razón: solo espero que no empeore.

Emigro, pues, antes de que me posea el cabreo.

Lo hago no obnubilado por poéticas abstractas ruralistas, yo, que fui hippie sin flores, y muchos sueños esbozados: para trabajar, con sus ciudadanos plurales y desde la cultura, por la calidad creativa de su cotidianidad y su futuro, heridos por el abandono. Sabemos que, desde estas tierras, otra cultura es posible para otra civilización urgente: esta es la estrofa, el estribillo insistente, repetida a lo largo del texto, machaconamente. Cada día somos más. Nos reproducimos y expandimos. En esta tesitura, buenismos culturales puntuales o con fecha de caducidad inmediata ya no, por favor. Paños calientes, abstenerse: prolongan abandono. Alternativas desde la cultura en común, echad raíces.

***d.6. Pensadla y proponerla en red comarcal de pueblos.*** Las tierras rurales son un archipiélago de pueblos de tamaños diferentes que conforman una comarca. Algunos ya están definitivamente abandonados. Una ciudad es su capital. Optemos por ubicar el proyecto para la cultura de la interrupción y las conversaciones fuera de este núcleo. Y, a ser posible, en un territorio donde abunden los pueblos de ciento cincuenta a quinientos habitantes. Cada pequeño pueblo es una oportunidad personalizada de renacimiento. Optemos, indispensablemente, por un espacio bien comunicado y, a poder ser, con encanto patrimonial: accesible.

Sant Llorenç está ubicado en un pueblo de novecientos, pero la red de monasterios e iglesias donde esta cultura también se propone son de tamaño más pequeño. Un par no llegan a los treinta habitantes. Estemos donde el abandono ha sido desastroso, pero las comunicaciones por carretera todavía son buenas.

Y empujemos resurrección con sus gentes.

**d.7. ¿Qué podemos esperar de los políticos?** Nada o casi nada. Han sido ellos —y en democracia continúan— quienes han dejado que las tierras rurales fueran abandonadas. Bochornoso. Son ellos quienes, cada día más, se interesan por la política del espectáculo y olvidan dar soporte a proyectos y servicios ciudadanos para la calidad de vida doméstica, discreta y no noticia en los medios de comunicación.

Duele, hiere, cabrea.

Y, no obstante, debemos colaborar con ellos sinceramente, continuadamente, generosamente, con espíritu crítico y para la acción conjunta. Porque estamos en democracia. Con un solo límite: ante los políticos y sus gobiernos del autoritarismo antidemocrático, la colaboración toma el nombre de *resistencia*.

Colaboración mutua, pues, desde la generosidad.

Pero, al mismo tiempo, tengamos claro que el tremendo cambio que el sector de las tierras rurales abandonadas debe emprender, sale y saldrá vitalmente de propuestas y proyectos múltiples con un hilo rojo de proximidad cómplice. Lo empujan las asociaciones e instituciones civiles que animen y movilicen, desde la cultura también y muy especialmente, estas tierras. Y, clave, imprescindible, esperanzador: de sus ciudadanos críticos, proactivos y votantes concienciados, ya no dispuestos a estar marginados. También saldrá de las pequeñas empresas locales, asociaciones de emprendedores cuyos productos preferimos. Y de una multitud de equipos pequeños para lo público civil, voluntariosos, esforzados.

La democracia es cosa de cuatro: gobiernos, sector asociativo civil, ciudadanos plurales y empresas de proximidad.

Lo olvidamos también.

Y no son democracia el sector capitalista salvaje.

Con los gobiernos municipales, la colaboración continuada y leal. A los gobiernos autonómicos exigidles, además, soporte de recursos y estructuración de leyes que favorezcan sus tierras rurales. Del parlamento español, urgimos una ley marco que cambie el abandono injusto y cruel por otro que favorezca su desarrollo agrario, educativo, cultural, urbanístico o económico. Si la hay, está anémica. Con el sector asociativo cread redes. Con los ciudadanos, familia de cultura emprendedora. Con las empresas de proximidad, trazad complicidades.

Necesitamos más tractoradas y otras movilizaciones sociales rurales con inventiva que creen noticia. Una alcaldesa de uno de nuestros pueblos con menos de cuarenta habitantes, a la que no resuelven nada, me dice que está a punto de subirse con todos sus ciudadanos en un autobús y plantarse ante quien es el responsable de los paros. Le digo que yo también me subo. Moveos para que los sectores políticos gubernamentales oigan el abandono. Parece que, a los políticos actuales, las trifulcas de insultos, la obsesión por los votos o el terror a perder poder les han afectado gravemente los oídos.

Si ellos no vienen, vamos nosotros.

Con un acordeón.

**Síntesis: del insulto del abandono al relato civilizatorio desde las tierras para el futuro.** He dado vueltas, en círculo, sobre cuestiones entorno a lo rural, sobre la cultura de la interrupción y las conversaciones que urge, y de lo urbano, hurgando en su largo estropicio por banalidades y barbaridades varias y desafortunadas.

Llega el momento del aterrizaje.

La izquierda o los demócratas radicales para lo común -yo tengo el corazón ahí un tanto mustio por desengaños e impotencias- no ha sido valiente ni inspiradora para abordar el largo y lamentable abandono de las tierras rurales, porque dejó de tener un relato político/práctico sobre el mundo y la vida que deseamos todos en democracia. Se ha centrado en la gestión pública economicista para lo público y en algunas minorías ruidosas y mediáticas, necesitadas de acompañamiento público, tomándolas como casi un todo social, olvidándose de la multitud de últimos, los abandonados, los anónimos. Todo muy norteamericano. En lo rural, esta gestión ha sido pésima y vergonzante. Y así le va a la ahora ya cenicienta izquierda desorientada y empequeñecida frente al auge del relato poderosamente populista de los que no deseamos.

El mundo huele a un trumpismo que apesta.

La izquierda acomodada, en partidos y gobiernos cada día más egocéntricos, no ha sido ni es capaz de articular y presentar con deseo un relato que ilusione e implique a la plural ciudadanía para transformar este mundo en catacrok desorientado, muy palpable y experimentable en diferentes intensidades. Se plegó miserablemente al absolutismo consumista con todas sus consecuencias desastrosas. Y ha salido malparada de este romance extraño. Le queda que es, todavía, bastante buena en servicios públicos, esos que los populistas quieren laminar y suprimir para que la empresa omnisciente nos tenga como clientes.

Parece que esa izquierda desunida y acobardada, distante, no aprende la dura lección: sin un relato paraguas de intensidad ética trasformadora y cooperante ilusionante, los servicios están desangelados porque no insinúan mejor presente y futuro.

La cultura en tierras rurales no puede quedarse en el activismo intermitente ni siquiera en la buena gestión. La cultura de la interrupción, las conversaciones, las corresponsabilidades y las transformaciones debe esbozar y proponer un relato vigoroso, audaz e imprescindible, emocionante y convincente, para otra vida, mundo y civilización anclado en la tierra y su cosmos de humanidad cooperante, además de cancelar la injusticia del abandono. Este relato no se puede quedar solo en parar el cambio climático: debe vestirse en torno a la tierra como casa común, donde ahora impera la economía como tarea común para el consumo. Un relato de seducción ética y civil que esboce futuros con propuestas, perspectivas de techo alto y suelos habitables, que pidan esfuerzo común y no competitividad, cooperación y no sumisión.

El relato que urgimos es una apuesta global para una ciudadanía reinventada en la casa común de la tierra maltrecha.

La nueva y otra civilización que urgimos será tierra común.

O no será.

Amo mi exceso de optimismo.

Al regresar al monasterio reafirmo que el verde silencio de esta tierra por la que optamos hace ocho años es ya susurro de cultura desde su red de patrimonio románic vivo por la secuencia de propuestas programadas en sus magníficos monasterios revividos y sus pequeñas iglesias, también románicas, con insinuantes conciertos para el alma y exposiciones en formato de cápsula sugiriendo ideas y actitudes muy otras. Expanden aires y respirares otros. Los ciudadanos llenan estos espacios, los valoran y agradecen. Están con el proyecto. Lo compartimos. El abandono está en desmayo.

Y constato también que estamos trenzando este relato civilizatorio otro, especial e intensamente, cada dos años desde las bienales que proponemos: la última abordamos directamente *cultura para otra civilización*. La del próximo año girará en torno a *los que buscamos futuros*. Y la siguiente optara por *somos corresponsables*.

En esta, ya con una tradición asentada, compartiremos el relato que hemos ido incubando y tejiendo, insinuándolo, para una nueva civilización que deseamos, necesitamos y se articula en torno a un hilo rojo cruzado por verdes vertebrador: formamos parte de la tierra, el planeta, nuestra casa común que nos exige corresponsabilidad en la igualdad desde las diferencias. No podemos ya aplazar este reto primero con estupideces banales y sucumbir a la oposición salvaje de los que destruyen sistemáticamente nuestra casa común, distrayéndonos con bagatelas de consumo innecesarias y depredadoras. El tiempo para el gris corre cada día más aceleradamente.

Levantémonos rápidos, movilicémonos y corresponsabilicémonos.

Voy a tomarme una copa de vino tinto de unos amigos que, contra pronóstico, tienen viñas aquí.
Aparece una ardilla juguetona, me mira y se larga veloz.
Las gallinitas picotean mi calzado veraniego.
Lloverá.

**las tierras rurales**
**no necesitan activismos**
**puntuales increíbles:**
**urgen de programaciones**
**de cultura cada semana**
**que acoja e inspire**

# 3. La larga experiencia Monestir de Sant Llorenç frente al Pirineo

Sentado en un banco en Rambla Catalunya de Barcelona, decido jubilarme de los muchos años de trabajo directivo en el Ayuntamiento de Barcelona.

**Termino de ver en el cine Alexandra** la película *Bicicleta, cuchara, manzana* sobre el inicio del alzhéimer del alcalde Maragall, en cuyos equipos para la transformación de Barcelona colaboro con entusiasmo. Me toca. Me digo: «Prefiero un alcalde con un inicio de la tal cosa a los últimos sosos que desde el 2004 han propiciado una dulce decadencia a la ciudad».

A la mañana siguiente tramito la baja.

«¿Y ahora qué, Toni?»

Me despiden mis amigos y amigas municipales con una fiesta sorpresa entrañable y memorable. Plantamos un cerezo. Siempre soy un trabajador colaborativo, de equipos. Me quedan los continuos viajes a las ciudades de Latinoamérica. Pero tanto avión me cansa.

Me retiro, un largo verano, a mi apartamento pequeño frente al Mediterráneo. Y surge, de las aguas que siempre han sido creativas, un proyecto inesperado: dibujo una apuesta asociativa de cultura para, desde un espacio románico, programarla continuadamente en tierras rurales.

¿Surrealismo?

En absoluto. En el proyecto palpita algo muy íntimo, deseante y con empuje para compartir otra cultura fuera de lo urbano de mis largos años en Barcelona. Regreso a la infancia y juventud. No analizo los porqués de la decisión: cuento el proyecto a unos amigos y amigas y nos lanzamos a constituir la asociación y a buscar el espacio donde desarrollarla. Somos prácticos.

**Encontrarlo supone un vía crucis largo y un tanto molesto.** La búsqueda del espacio —es mi obsesión— la empezamos por el Patrimonio del Gobierno de la Generalitat, donde nos acogen, proponen, visitamos, hablamos, pero al mismo tiempo notamos suspicacias: nuestro proyecto es mucho más contemporáneo, creativo y seductor que muchos de los suyos con directores ya burocráticos. Optamos, finalmente, con el apoyo del gobierno local, por el pequeño monasterio de Sant Miquel de Cruïlles, del siglo XI, en el exquisito Ampurdán, en periodo de restauración con pinturas románicas y góticas, algunas por descubrir y restaurar. Solo queda la pequeña iglesia. Estamos en el proceso de restauración arquitectónica. Cuatro largos e interminables años. Cuando termina, hemos de firmar un convenio que es draconiano, hiperburocrático y directamente para que no nos presentemos. Insisto en hacerlo. Me pongo pesado. El proyecto es inmejorable. Para presentarlo, diseño un audiovisual artesanal que queda como una de las obras de mi mejor creatividad románica. Aconsejados por el secretario municipal, un hombre de una burocracia absurda y prepotente que nos confunde con una empresa rica, lo declaran nulo: somos una asociación no lucrativa y no quiere entenderlo. Maltrato violento público. Los mandamos al cuerno. Quieren reconciliación: nos negamos. No son de fiar. No nos metemos en lo absurdo.

El monasterio continuo vacío.

Es rural en una comarca para nuevos ricos exhibicionistas.

La burocracia asesina proyectos.

**Cuando estamos en esta decepción, me invitan a una sesión de marcas públicas rurales en la comarca del Berguedà.** El aula es siniestra: frío de diciembre avanzado, el proyector anda a medio gas. Pero los alumnos, políticos de pequeños pueblos, son magníficos. Un par de Guardiola del Berguedà me piden qué deben hacer para convertir su pueblo en un destino turístico. Les pido qué tienen. Disponen de una mina de petróleo inactiva que se puede visitar y un monasterio románico. Aquí me pillan. Lo sé, con restos del visigótico que deben de estar dentro de la iglesia neorrománica del pueblo: he ido un par de veces para visitarlos. «No, profe, el monasterio está sobre el pueblo». Les doy mi primer consejo: el turismo necesita indicaciones claras. Quedamos a la mañana siguiente, que es sábado, para visitarlo.

**Flechazo a primera vista y de los que hieren.** Me deslumbra. Supera mis expectativas. Es un gran edificio de arquitectura tardía provincial romana reinventado en arquitectura románica y después contemporánea. Bajando las escaleras para visitarlo, le digo a mi amigo Juan: «El próximo año estamos aquí». Me mira incrédulo. Por fuera impacta. Enorme.

¿La Sagrada Familia de Gaudí de la época?

La visita guiada la hacemos con un arqueólogo joven. Por dentro, su doble iglesia transpira eternidad sobria. Sabiduría ancestral. Alma de silencio. Insinúa que debemos ponerlo, desde el equipo asociativo, en uso cultural.

Una ola interna, largamente cultivada, explota en mi piel. Quiero vivir aquí. Deseo, desde esta memoria románica, compartir cultura con los pueblos del entorno y la comarca. Susurra, nítido, «proyecto cultural». Y, personalmente, me invita a un proyecto de vida creativa compartida.

¡Destila lo ilimitado!

Al fin, en casa.

¿Fui monje benedictino en el medievo tan injustamente tratado?

Que el tiempo hable.

*Gaudeamus.*

**Notas sobre la experiencia en este monasterio en tierra rural.** No voy a contarlo ni cronológica ni exhaustivamente. Voy a detenerme en aquellos trazos singulares que faciliten, a los que trabajáis o vais a laburar en tierras rurales desde la cultura, sugerencias, pistas, insinuaciones: nuestro modelo de trabajo.

**Colaboración con los gobiernos locales.** Los implicamos y convencemos. A la mañana siguiente me pongo en contacto con el alcalde del pueblo. Concretamos una entrevista. Nos atiende en su pequeño despacho. Sabe quiénes somos algunos de nosotros por lo que hemos hecho. Internet es un espía fácilmente consultable. Hay conexión. E interés mutuo. Ama su monasterio.

Nos informa que ahora las visitas guiadas están contractadas a una empresa. De cultura, casi nada. Dejamos claro que nosotros optamos por una programación cultural todos los fines de semana desde Pascua a primeros de octubre. «¿Estáis locos? La gente no vendrá», nos dice. «¿Nos dejas intentarlo?». Acordamos que nosotros nos hacíamos cargo de la programación cultural, pero que, por encima de nosotros, está la empresa de las visitas guiadas. Y que en breve podemos firmar un convenio para la cultura entre el Ayuntamiento y la Agencia de Desarrollo Comarcal para empezar el próximo año. Faltan meses.

Estamos a inicios de 2016.

Antes del verano nos reunimos con la Agencia para el Desarrollo de la comarca: debemos firmar un convenio. El alcalde está claramente con nosotros.

Entregamos una primera propuesta de concepción y desarrollo del proyecto para la cultura en Sant Llorenç. Insisten: «Es óptima, pero no tendréis público». Me sale el mejor Toni anarquista democrático: «Montaremos conciertos para las vacas que pacen alrededor del monasterio para que produzcan la mejor leche de la comarca». Hay risas. Relaja el ambiente. «Probadlo», concluyen. Nos dejan claro que, económicamente, ni un euro. Regresa el Toni ácrata: «Vale, aceptamos: confiad en nosotros y dadnos libertad». Quince días después firmamos el convenio.

Invito a mi amigo Joan a almorzar.

Al fin, horizonte románico.

Hay gestión colaborativa entre lo público y lo asociativo.

Un reto para ambos.

**Somos, felizmente, una asociación cultural.** La montamos para poder optar al concurso para el monasterio de Sant Miquel de Cruïlles. La constituimos unos pocos. La mayoría hemos trabajado en cultura en la ciudad de Barcelona durante años: somos un actor de los míticos Joglars, una gerente del Museo Picasso, un técnico de calidad para construcción de autopistas, un diseñador gráfico y metido en organizaciones socioculturales… Estamos en eso de la cultura desde muy jóvenes. Somos pocos, convencidos, imparables. Me acusan de temerario: para lograr el convenio de Cruïlles, forcé la maquinaria legal burocrática. No me arrepiento. Tampoco me arrepiento de firmar este convenio, que es una declaración de intenciones al viento porque sé que el monasterio es el espacio largamente soñado y buscado. Muchos políticos y directivos públicos son osos dormidos. Me encanta pellizcarlos. La asociación facilita firmar convenios, pedir subvenciones...

**El primer proyecto lo planteo con una poética atrevida y realista, con ímpetu y para el entusiasmo.** Lo pienso, lo concreto, lo diseño y lo escribo frente al Mediterráneo en verano. Exaltado. Deseoso. Después de años de espera, tenemos monasterio románico para la cultura. Apuro la creatividad. No me digo que esto no lo podemos hacer por falta de dinero. El dinero viene siempre, después. Vuelo. Pero no enloquezco. Sé que es para Sant Llorenç y sé que es para sus pequeños pueblos rurales. Ya adaptaremos, recortaremos, adecuaremos.

Pongo énfasis en el valor común que queremos compartir desde la cultura. Pienso, repienso, su relato nuclear de marca: vamos a reinterpretar la memoria de la civiladad románica desde el pensamiento y las artes contemporáneas poniendo a los ciudadanos del entorno territorial en el centro de todas nuestras decisiones. Esto es radicalmente nuevo en el marco del patrimonio cultural catalán. Tengo claro que, en la programación cultural, habrá rebajas. Y cambios. Aquí, en lo nuclear, ninguna, después de pactar el relato con el equipo.

Un gran reto.

Por las tardes me baño en este mar que ha visto nacer culturas para conformar o afianzar la civilización mediterránea ahora gravemente deteriorada. Al atardecer paseo por la orilla repensando lo trabajado durante el día.

Me siento románico vanguardista.

Antes de cenar algo escucho una cantata de Bach, descalzo.

**A finales de noviembre empezamos.** La mujer de la empresa que hace las visitas guiadas enloquece: no nos soporta. Nos declara guerra sucia. Provoca tormentas en el entorno administrativo y comarcal. Se siente amenazada; es comprensible. No quiere ni vernos. No es posible conjugar las dos propuestas que son complementarias. Tenemos una reunión de coordinación en la Agencia y vomita fuego. La escucho paciente. Y perplejo.

Ante tales tormentas, decidimos inaugurar la programación a finales de noviembre. Las tormentas las podemos capear.

Pero habrá fango.

Quince días antes, empezamos la primera producción. En la entrada del monasterio, disponemos cajas grandes de cartón: regresan los benedictinos culturales con propuesta para los ciudadanos. Montamos una exposición gráfica sobre el proyecto. Un par de instalaciones creativas subrayan que optamos por la ecología y los inmigrantes. El monasterio tiene dos iglesias superpuestas. En la de arriba, una multitud de zapatos diferentes señalan que estamos en marcha. El montaje es difícil por el intenso frío. Me pongo dos pantalones, dos jerséis y dos abrigos. Pinto un gran lienzo con un abad para recordar la historia monástica. Se me hielan las manos. Más que benedictino, en el lienzo siento que me queda visigótico. Estos monjes también estuvieron aquí. Me inspiran las miniaturas del Beato de Liébana.

Impresiona.

Ahora el monasterio inspira arte para reiniciar otra vida.

Estamos en producción y dejamos un cierto desorden diario. La mujer inspectora lo detalla todo con informes interminables a los gobiernos locales. Pero los días de visita guiada, lo dejamos todo inmaculado. No soporta que las artes con los ciudadanos ocupen su monasterio.

Nos aborrece.

Inauguramos un sábado tarde con lluvia y casi nieve. Opinamos que no vendrá nadie. Hace mucho frío. Llenamos: inauguramos con un concierto de voces blancas de la coral del Conservatorio de Música de los Pirineos de la vecina ciudad de Berga. Sucede un primer milagro. Han venido familias y amigos. Solo se han quedado en casa las mascotas. Un gran perro acompaña a una mujer ciega. Queda hipnotizado por la música.

Sant Llorenç resucita vigoroso.

A la mañana siguiente, programa para niños y niñas con Cesc, un antiguo amigo, gran payaso y cuentacuentos. Su estética es de una contemporaneidad tierna. Terminamos todos bajo un gran paño redondo en la plaza del monasterio, jugando. Nos abrazamos después de veinte años de distancia. Me susurra al oído: «Este es también mi monasterio».

Y lo es.

Al atardecer suspiro profundamente.

Empezamos un largo camino.

Sé que no será fácil, pero será no solo emocionante.

Es ya una experiencia compartida en tierras rurales.

Un sueño palpable tenuemente.

**Picamos piedra: la programación continuada para la interrupción en larga conversación.** En las vacaciones de Navidad, Joan se pone a programar para la siguiente primavera. Sabemos que todos los sábados a las siete de la tarde compartiremos música, teatro, exposiciones… Pero ¿con quiénes?, ¿con qué grupos creativos?, ¿dónde están?, ¿cómo conectar?, ¿cómo remunerarlos?

Joan monta un equipo de soporte programático con Andreu y Cesc, de la asociación que trabajan en artes escénicas. Joan nunca ha programado cultura. Pronto se transforma en el gestor de programación y producción que necesitamos. Hay tanteos con grupos conocidos y desconocidos. Todos de pequeño formato. Ninguno que opte por el espectáculo vacío, exhibicionista, por la novedad como eje. Me cuentan sus hallazgos y dudas. Y su preocupación fundamental: ¿cómo pagamos esto? Me sale el Toni que se lanza al vacío: «Encontraré algún dinero». Y confeccionan un primer programa, entrañable, sincero, emocionante.

Memorable.

Es el primer programa, el del gran esfuerzo, el de la experimentación, al que le seguirán otros siete más, de momento, en sus versiones de primavera y verano. El que marca tendencia y configura el monasterio como referente para el territorio rural y sus plurales ciudadanos.

En esta programación y en las que le siguen, los ciudadanos hallan algo indispensable para sus vidas: emociones que olvidamos, trazos para compartir, momentos de euforia, de reflexión y esperanza contra toda desesperanza. Insinúa llamadas discretas y amables a una vida en común otra, activa, altamente democrática entre iguales plurales.

Incluso iluminada.

Desde su espacio, el monasterio resucitado, programación a programación, se convierte en referencia para el pueblo de Guardiola, los pueblos vecinos y toda la comarca. Un espacio de programación acogedor. Que invita. Casa semanal para la cultura que impulsa, comparte y afianza sentidos comunes compartidos para la vida, demasiado monótona y zozobrante en el aquí y el ahora.

Vida incompleta: a la espera.

Esta programación respira artesanía. Es una de nuestras opciones constituyentes. Lo que podemos imaginar y construir nosotros con nuestras manos lo priorizamos. Lo mimamos. Trazamos los diseños, montamos y desmontamos exposiciones y escenarios, trasladamos sillas, limpiamos, barremos, plantamos flores, ponemos focos o servimos en el pequeño bar. Menos colocar los carteles en los pueblos: contratamos a una fundación que trabaja para la salud mental. El par de jóvenes que lo hacen lucen orgullosos una camiseta con la marca del monasterio. Vienen a algunos actos, ufanos.

Artesanos también para el todo comunicativo, diferente. Supura proximidad e intimidad. Nada es grandilocuente. En la medida de lo posible, comunicamos en todo lo que proponemos y hacemos, con un sesgo de originalidad desde el territorio y sus gentes. No es nada fácil: implica esfuerzo, esfuerzo y esfuerzo. Mezclado con creatividad, creatividad y creatividad.

Y unas gruesas gotas de asumir riesgos.

Estamos fuera de los circuitos comerciales.

Los grupos creativos que invitamos sintonizan con nuestra marca de valor y optan por el pequeño formato. Nada de artisticidades heroicas y únicas. Celebridades mediáticas, abstenerse. Hablamos con ellos. Los situamos en la experiencia Sant Llorenç. Aprendemos a oler a los que están en onda año tras año. Joan, en todo esto de la programación y producción, se ha convertido en indispensable.

Personalmente, cada semana y en cada propuesta, después de enmarcarla brevemente entre el público, me siento y la acojo. En ocho años solo un par de veces he notado que lo que veo cojea por algún lado.

Lo que prometimos, lo hacemos.

Al principio, es durísimo: poca gente, pero un grupo de mujeres de Guardiola, semana tras semana, suben la pequeña cuesta desde el pueblo. A menudo, inundado por la calidad de la propuesta compartida en familia intimísima, me estremezco por lo que oigo y contemplo. Salgo a la plaza, hablo con las mujeres compartiendo sensaciones y, una vez solo, me muerdo el labio.

Vamos adelante.

Santa Paciencia, te necesitamos para esos tiempos de interrupción y conversaciones largos, con pasiones perpetuas, ruego a los cielos estrellados.

**Editamos un libro y explota la pandemia.** Cojo al vuelo una sustanciosa subvención para editar el libro soñado del monasterio. Me surge la vena de periodista y editor ahora dejada en el desván. Implicamos a los autores de la reconstrucción de Sant Llorenç; optamos por Enric, amigo y uno de los mejores diseñadores gráficos de Barcelona;

desempolvo mis dibujos sobrios y, con un toque de color sobre pintura románica; Joan selecciona fotos de las actuaciones con un criterio profesional emocionante, articuladas en un despliegue de creatividad e innovación… En tres meses lo tenemos, inaudito, impreso. Cuando lo hojeo me estremezco. Un libro de alta edición cualitativa pensado y producido por un equipo implicado y apasionado que, en un tiempo récord, obra el imposible de editarlo.

Sale impreso y en un par de semanas explota la larga pandemia que nos encierra en casa e imposibilita su difusión y la programación en el monasterio. Aguardamos pacientemente que se permitan actos culturales con un aforo reducido. Y el sábado siguiente, nos juntamos un grupo de sesenta ciudadanos, cifra máxima permitida, en la plaza para plantar un manzano que simboliza la inteligencia relacional del no rendirnos y crear un futuro otro, mientras escuchamos un solo de violoncelo estremecedor.

Ya no paramos. Durante el primer año pandémico somos el único espacio comarcal de programación permanente. A pesar del miedo al contagio, llenamos siempre. Daniel, un profesor universitario que está en los conciertos y forma parte del equipo catalán del seguimiento de la infección, a menudo antes de empezar la actividad del sábado, nos orienta con información de primera mano. Se lo agradecemos.

La comunicación del libro debe esperar. La respuesta de los grandes medios de comunicación del país es la esperada: el olvido. Lo que ocurre en tierras rurales y fuera de capillitas culturales endogámicas no existe: los de la gestión cultural y los del patrimonio como no estamos en el *santa santorum* de sus élites, básicamente barcelonesas, ni caso.

Tengo un ejemplar vigorizante siempre cerca de mí.

**Una reunión de equipo para echar a andar con ímpetu.** Casualmente tengo las notas que preparé como coordinador creativo. Son una excepción: tiro todos los papeles. Las releo ahora y me parecen proféticas.

Dedicamos tiempo a fijar la marca de valor, la estrella de la guarda desde la que trabajar y relacionarnos, nuestro trazo de camino. Acordarla nos lleva a un intercambio de opiniones sinceras y vigorosas: artesanos creativos para la cultura en común. «Artesanos» porque vamos a trabajarlo todo con nuestras ideas en avance y manos en producción. «Creativos» porque vamos a reimaginar otro uso del monasterio románico y otra propuesta de mentalidad colectiva rural más vecinal, emocionalmente abierta a los problemas y necesidades del pueblo, comarca, país y mundo. Lo haremos en común: con los ciudadanos, siempre, y sus asociaciones plurales. Con los grupos creativos que colaboren en el proyecto. Con los gobiernos locales. Desde un diálogo fluido y no sumiso entre rural y urbano.

¿Ambiciosos, utópicos? Realistas: es lo que esta tierra y sus pueblos necesitan después de décadas de abandono desde la cultura.

Apunto, en este clima de estructuración básica del proyecto para andarlo con buen pie, algunas cuestiones que hoy me parecen indispensables. Las transcribo:

1. Tenemos la idea o el valor nuclerar de todo el proyecto: no nos desviemos de lo que propone ni lo nublemos: démosle recorrido de tiempo largo.

2. Estamos viviendo como vecinos en el pueblo desde el primer día: no podemos ser paracaidistas con paquete de proyecto, por más increíble que sea.

3. Si con el proyecto desde la cultura, que facilita sentidos comunes para enfrentar necesidades, problemas y retos cotidianos, no estamos en el aquí y el ahora de la gente, codo con codo, el proyecto será un lindo tejado sin casa.

4. Presentemos e impulsemos, desde la programación y el diálogo continuado, trazos de vida mejor, plena, que susciten compromisos personales y comunes, que se conviertan en referencia, en estrella polar para los ciudadanos; trabajemos para romper el aislamiento político, social y económico de lo rural; afiancemos con más calidad los servicios públicos que tenemos y obtengamos los que nos faltan; animemos para dejar de comportarnos como ciudadanía pasiva

y, a menudo, solo quejica; avancemos, con buen pié, en ecología, igualdad, libertades, solidaridades... Seamos, simplemente, un pueblo de hoy para el mañana.

5. Demos un meneo a nuestro patrimonio cultural, que arquitectónicamente está cuidado, para que se convierta en casas del alma semanales para los ciudadanos del entorno: despertémoslo de su sueño burocrático y turístico.

Me escuchan, aportan, somos equipo.

6. Tengamos claro que proponemos un proyecto político, jamás partidario, de mejora democrática en entornos en los que el populismo autoritario pesca con sus propuestas aparentemente interesantes: ocultan bajo sus pieles de corbatas y bolsos rimbombantes, lobos feroces.

Y surge la gran preocupación: sin un poco de dinero, el proyecto no nace. Aquí mi corazón a la izquierda creativa late: aporto el primer capital de riesgo. Me miran con ojos desorbitados.

Lo consulto con mi hermana: «Toni, este proyecto te da vida y te libra de la residencia, haz lo que sientes».

Lo hago

Y acierto

**Pascuas ininterrumpidas de resurrección: momento de la verdad.** Van ocho y en todas hay piel y atmósfera de proyecto en avance. Proyecto de cultura compartido paulatina pero incesantemente. «Pascua» es sinónimo de paso: pasemos del olvido cultural a la comunidad de cultura rural que se activa y moviliza. Que vive con más plenitud. Que se emociona y conversa para un futuro otro.

La primera Pascua es la de los nervios a flor de piel. En todas las pascuas y los inicios de verano, la piel interior del monasterio muestra exposiciones de creativos cuidadas y de diferentes estilos. Respetando escrupulosamente la arquitectura románica: nunca hemos clavado un clavo. Y la atmosfera se satura con músicas de diversos estilos y teatro de pequeño formato.

Para la primera programación, carecemos de infraestructuras técnicas. Nuestros proveedores habituales son los chinos de Berga, la ciudad próxima, e Ikea. Cuidamos la estética. Cesc, de la asociación, con una amplia y exitosa carrera de payaso y contador de historias, nos regala material ya en desuso: focos, bafles, micros…

El monasterio acumula los fríos de invierno, feroces: alquilamos y después compramos un par de estufas industriales que funcionan hasta que, finalmente, tenemos calefacción, que ya se instaló en la reinvención arquitectónica.

Las semanas pasan rápido: siempre es sábado a las siete de la tarde. Siempre estamos esperando a los grupos creativos. Siempre estamos saludando a los ciudadanos y acogiéndolos. Poco a poco nos conocemos por nuestros nombres. Para acoger mejor a los que llegan temprano, montamos un pequeño bar dentro de un carro de supermercado. Lo empezamos un sábado lluvioso en la puerta de los lavabos, magníficos en su arquitectura. Vendemos un agua mineral: un euro de caja. Sonrío: «Cuando ganemos trescientos, viajamos a París para celebrarlo».

Yo me propongo enmarcar cada propuesta subrayando un valor, poniendo énfasis en alguna faceta que la inscriba en el momento actual. Breve. Directo. Distendido. Cómplice. No he fallado nunca. Aquí no se viene a ver un espectáculo: estamos para compartir emociones que nos reorienten, nos llenen, nos descubran lo que no tenemos en superficie, aunque deberíamos. Y al final, cierro el acto. A veces, compartiendo mi opinión. Y siempre anunciando la propuesta de la siguiente semana. A menudo, con una frase sincera y pensada, llamo la atención, en nombre del monasterio, sobre hechos que ahorcan humanidad en guerras, inmigración, violencias domésticas. Esto, que a primera vista parece obvio y de buena educación, se ha convertido en uno de los hilos de conversación más importantes del proyecto. Fuera, en la plaza, seguimos conversando y opinando.

Las comunidades transformativas necesitan abono.

A menudo, también engarzo la propuesta creativa con la historia del monasterio y su ambiente de búsqueda de lo sagrado. Noto, entonces, que la gente tensa la atención.

No somos un monasterio de clausura.

Lo somos de ciudadanos concienciados desde la cultura.

Todos los sábados espero la actuación de pequeños grupos con formatos llenos de proximidad, intimidad y emociones. De vez en cuando, nos damos el gustazo de una gran formación musical. Entonces las milenarias paredes monásticas se estremecen. Cuando canta la Escolania de Montserrat, un esfuerzo hercúleo, el monasterio vuelve a ser benedictino. Con el canto final del *Virolai,* nos levantamos por instinto. Todos lloramos: el monasterio casi se convierte en una piscina.

Sin cultura la vida languidece.

**Grandes creativos de arte en pequeño formato.** Lo pequeño programado, cuidado, cualitativo, rebosante de sentido y emocionante tiene una belleza que atrapa, conmueve, energiza, semana a semana. Es estilo Sant Llorenç. Las exposiciones en el monasterio siguen la misma pausa. Las renovamos un par de veces por temporada. No podemos exponer obras valoradas económicamente: la seguridad en el monasterio es deficiente. Lo que presentamos nos gusta. Y, aunque al principio los ciudadanos pasaban por delante de las exposiciones sin verlas, esto ha cambiado totalmente.

Junto a esa llovizna de arte de nombres con minúscula, buenísimos, desde el inicio presentamos a inmensos creativos de las artes con motivo de aniversarios o efemérides de resonancia internacional. Empezamos con el urinario de Marcel

Duchamp. Compramos uno de cuarta mano y lo exponemos en el claustro sobre unas maderas grafiadas. Nos atrevemos. Es toda una declaración de principios en un monasterio románico. Duchamp impulsa el arte contemporáneo con casi un insulto. Presentamos reproducciones de los códices de Leonardo y esbozos pictóricos inspirados en Rafael en sus centenarios. También hemos mostrado a Picasso, Miró, Tàpies, Brossa, al místico genial Rothko, Basquiat o al inconformista Joseph Beuys. A menudo desde instalaciones. Siempre divulgando y presentado su obra. Porque optamos por las artes como despertar: estos creativos son monasterio románico en diálogo.

**Flechazo perpetuo: el románico carolingio de renovación civilizatoria.** Leo y releo todo lo que puedo sobre los siglos IX y X, los tiempos en que el monasterio visigótico pasa a la órbita benedictina impulsada por Carlomagno: opta porque monasterios benedictinos promuevan y reinventen una nueva civilización romana en Europa liderada por Roma y Aquisgrán. Esta decisión me conmueve y me enamora por audaz e innovadora.

Europa está en un estado de violencias diversas y continuadas. Necesita una profunda renovación. Y esta llega por el decreto imperial con el sugerente nombre de *Renovatio* y el trabajo largo, para hacerla cotidianidad civilizatoria, desde la cultura de los setecientos monasterios benedictinos en red desde el magno de Cluny, que en tierras rurales y algunas urbes incipientes abren escuelas, copian libros, tienen bibliotecas, cuidan a pobres y enfermos, renuevan la agricultura y la ganadería y proponen una atmósfera de valores tales como la tolerancia, la concordia, la cooperación, la serenidad, la celebración de un ciclo festivo común o la familia como eje de vida. Y expanden, desde la copia de libros traducidos de la gran biblioteca de Córdoba, la Nueva York en sus tiempos, la ciencia, la astronomía o la medicina.

Hay mestizaje cultural.

Todo este ímpetu alumbró, alrededor de los años mil, el románico, una cultura que se expresa en arquitectura, pintura y orfebrería… como el nuevo y esperado gran paraguas europeo teñido por lo sagrado: impulsa esperanza de una tierra y un mundo en diálogo con el cosmos envolvente y a la vez próximo desde cada parroquia en aldeas, monasterios para la sabiduría o catedrales para coordinar presente y futuro.

En un lenguaje actual, apuestan por otra civilización de la que somos todavía herederos muy abollados.

Para mí, «románico» es sinónimo de «renovación».

Cuando hago de guía en algunas visitas, acostumbran a preguntarme por qué es importante el monasterio. Respondo, sonriente: «Porque ayudó a reconstruir Europa».

Deseamos y necesitamos que siga así.

Estamos, hay consenso, en que debemos reinventar nuestra insípida y enfermiza cultura: vendrá también de las tierras románicas que, desde su patrimonio, propongan una nueva *renovatio* con inteligencia y sensibilidad.

Quiero dedicarle el último tramo de mi vida.

**Compramos el pan en la panadería del pueblo.** La hermana de uno de la asociación nos alquila, a un precio simbólico, un apartamento bajo tejado. Somos unos vecinos más del pueblo. Compramos un pan riquísimo, de horno, y carne, básicamente productos de cerdo, en sus dos carnicerías. Tomamos café en la plaza. Me encanta salir a comprar con mi cesta de paja. Y hablar, cotillear, saludar... Paseo junto al río y contemplo los huertos de los vecinos. Más tarde nos trasladamos a un estudio frente un gran árbol donde me da por dibujar, cocinar y escuchar música.

Guardiola, como pueblo, y su entorno comarcal fueron altamente rurales desde antes del románico, hasta que la llegada del tren lo convirtió en industrial entorno a las minas de carbón, el cemento y lo textil. Fue un pueblo con todas las tiendas y servicios, a lo grande. Conoció esplendor. La crisis terrible de la industria lo hundió todo. Hoy casi no tiene tiendas. Ni empresas.

A los trabajadores de las minas los jubilaron con una generosa jubilación. Hay calidad de vida, todavía. Pero sus hijos y nietos, con estudios, se quedan en las ciudades. El pueblo es de gente mayor. La cultura murió con la industria. Está construido en el fondo de un valle y en días de niebla respira melancolía. El abandono fue de drama épico. La cultura desde el monasterio lo está dinamizando. Un lento despertar. Una primavera compartida. Los milagros culturales no existen: son espectáculo. Aquí compartimos, desde nuestro proyecto abierto a reinterpretaciones y aportaciones, cultura creativa para la democracia creativa, cooperante e inteligente. El pueblo anda cuidado por los servicios públicos. Y todavía no se ha convertido en turístico, pero ya apuntan segundas residencias. No apostamos por este futuro. Somos monasterio, también, con los pueblos de la comarca abierta.

**Nos presentamos al concurso para la gestión del románico comarcal.** La mujer enfadada enormemente no deja de difundir sandeces y enviar páginas de agravios alucinados a los gobiernos locales y a los medios. Hay algo que no puede asumir: los ciudadanos están con el proyecto cada día más. La prensa comarcal lo apoya. Desesperada, monta una campaña afirmando que somos humo. ¿Desea quemarnos?

Cuando sale a concurso público para la gestión de las visitas guiadas al monasterio y otras iglesias románicas del territorio comarcal rural, nos presentamos. No aguantamos más impertinencias y campañas chapuceras para el desprestigio. Y lo ganamos. Si esta mujer no hubiera estado atacada por la envidia patológica, podríamos habernos presentado conjuntamente, ella asumiendo las visitas y nosotros, la cultura.

El concurso nos regala sorpresa: tenemos cuatro iglesias pequeñas románicas restauradas en contemporáneo para hacer visitas guiadas, con pinturas y arquitecturas extraordinarias y ubicadas en pequeños pueblos rurales. El proyecto de Sant Llorenç puede convertirse en proyecto de red. ¿Nos atreveremos? Sí si vamos despacio.

Las visito.

Y me deslumbran. Esta comarca, rural en su vertiente norte, goza de un patrimonio románico de primer nivel en Cataluña por descubrir, no valorado, estúpidamente olvidado. Contratamos guías locales con el presupuesto del contrato, con un sueldo justo y seguridad social.

Me noto tensamente creativo: ¿qué hacer con este patrimonio en el olvido ciudadano? Restaurado, se queda sin vida.

Injusto.

**Visitas guiadas desde la memoria del futuro.** Las visitas que se hacen en las pequeñas iglesias son buenas. Pero se ciñen demasiado a la arquitectura y la historia. Nos las replanteamos. Mejoramos la remuneración de los guías. Introducimos una narración que cuente el porqué de su ubicación en el paisaje, la renovación cultural románica que introdujeron desde la nueva civilidad romana, la comprensión de lo sagrado que representan y su expresión desde lo ritual; nos informamos sobre la vida de los agricultores y ganaderos de la zona; contamos que nuestras ciudades soberbias sean hijas de los pequeños pueblos rurales… todo narrado con un lenguaje riguroso, atrayente y despertador de emociones e imaginaciones que empalmen con nuestro mundo complejo. La memoria que no facilita comprender el presente y diseñar el futuro solo muestra cenizas.

No es cultura viva: es arqueología plana.

Nosotros apostamos por el fuego.

La *Bienal Romànic Berguedà*. Visito una y otra vez las iglesias. Estudio su historia y lo que significaron. Y lo que significan en nuestro hoy desorientado, desactivado, plano. Con demasiados antidepresivos. Sé que debemos hacer algo desde ellas. Y sé que este algo es una bienal en lo rural. Una aventura atrevida frente a las urbanas/cosmopolitas.

El equipo me toma por loco cuando la propongo. Supera nuestra capacidad de conceptualización, gestión, producción y comunicación. Es verdad. Me lo tomo como un desafío personal. Cuando soy profesor de marcas públicas en Barcelona y Latinoamérica, sorprendo a los políticos y gerentes con esta descarga: «Pongan a alguien con un gramo de locura creativa pública en sus equipos». Se me resiste.

Una tarde lluviosa tomo un café en el bar que hay frente a la estación del tren abandonada y restaurada del pueblo: salta la chispa. En esta estación se baja Picasso en el año 1904, va a Gòsol, descubre el románico y, cuando regresa a París, pinta sus retratos con los grandes ojos de la pintura románica.

Tenemos bienal.

El título, *Románico con los ojos de Picasso*.

¡Bravo! Pero ¿qué exponemos con nuestra economía precaria? Una de las líneas del proyecto propone diálogo colaborativo entre rural-pueblo y urbano-ciudad.

A por ello.

Conectamos con amigos que están dirigiendo el Museo de Arte de Cataluña, donde está el mejor románico del país. Nos facilitan reproducir las imágenes que necesitamos. Conectamos con el Museo Medieval de Vic, otro tanto. El director del Museo Picasso de Barcelona acoge el proyecto con entusiasmo y nos autoriza a reproducir solo las postales que vende el museo: a la familia Picasso no le gustará, pero va a colaborar.

La bienal es de equipo y, cómo no, artesanal, con los ciudadanos. Metemos lo que somos y soñamos. Superamos límites.

Y es deslumbrante.

Recuerdo la reproducción libre que pinto en una tela enorme del cuadro del joven con ojazos románicos de Picasso que instalamos como baldaquino sobre el presbiterio monástico transformado en escenario. Es una reproducción libre del primer cuadro que pinta con grandes ojos al regresar a París. Atrevimiento absoluto. Gran escala. Trazo a golpe de brochazo.

Arte que nos cobija.

Y es en tierras rurales, lejos de lo urbano.

Gana el tercer premio de la Feria de Turismo Internacional de Berlín en el ámbito de cultura y sostenibilidad. Ni lo celebramos: trabajo artesanal bien hecho, como otros.

Las bienales continúan cada dos años.

No estamos aquí para triunfar.

Estamos para compartir transformaciones desde la cultura entre vecinos e interesados, para acelerar otra civilización desde lo rural.

Somos osados.

**Ahora, a por la *Xarxa Romànic Viu Berguedà*.** La bienal clama porque en la red de las iglesias, pequeñas, hermosas, rurales, inspiradoras y rodeadas de paisajes que emocionan, además de las visitas guiadas semanales de abril a diciembre, convoquen a los ciudadanos del entorno desde la cultura de las músicas y las artes en verano, especialmente. Así nace la red que presenta en estas iglesias, diseminadas por el territorio, conciertos del alma y exposiciones como estrellas en la cotidianidad monótona de calidad creativa y convocatoria relacional.

A las iglesias, le añadimos tres magníficos monasterios románicos: Santa Maria de Lillet, Sant Jaume de Fontanyà y La Portella. En colaboración con sus alcaldes organizamos, en cada uno de ellos, un festival de verano que cada pueblo, algunos muy pequeños, con veinticinco o cuarenta habitantes, acoge, llena, aplaude y siente que está vivo y abierto a la comarca y al país. En Lillet el monasterio dialoga con la inmensa montaña del Pedraforca. En Frontanyá el monasterio se convierte en la catedral del bosque. En La Portella, los que estamos nos confundimos con su paisaje íntimo e inabarcable.

Toda esta actividad de músicas, que en Sant Llorenç son casi semanales, provocan que este se convierta en el *Auditori de Músiques del Berguedà*, algo no previsto en nuestro proyecto. La música despierta, emociona, une, impulsa deseos de vida que vuela más alto. La música acompaña tiempos difíciles. Nos acoge.

Nos susurra.

Una red, la del románico rural, todavía con los pies de barro, pero que marca un hito en este territorio abandonado por la cultura: facilitar escuchar Bach, Mozart o jazz es un derecho cultural.

La música es, seguro, la más envolvente e hiriente, emocionalmente, de las artes. La música compartida nos mejora. Cuando escucho la *Pasión San*

*Mateo* de Bach intuyo lo sagrado inexplicable. En pequeño formato sueño en programarla en Sant Llorenç.

¡Oh locura!

La música nos humaniza.

**Pausa actual 1: desmontaje y montaje de exposiciones.** Mientas narro nuestra experiencia, mediados de junio del 2024, Ana Tubau viene a desmontar su exposición de mujeres con trazo de reminiscencias cubistas redondeadas, con unos verdes y azules geniales. La hemos colgado toda la primavera en los andamios de hierro antiguos de un albañil que nos los presta. Es de Berga, ciudad vecina. Gusta. Insinúa. Conmueve. Esta es su primera exposición seria. Una desconocida. La visita mucha gente: fue profe de Educación Física del instituto de enseñanza de su ciudad. Un descubrimiento.

Contemplo cómo meten los cuadros en su coche y me invade una melancolía extraña. Echaré de menos a estas mujeres monásticas. Rotundas y delicadas. Los públicos —no me gusta esta palabra por fría y anónima— la han contemplado despacio. La he comentado con mucha gente y esto es nuevo y agradable. La pintura de Ana desprende claridad, sensibilidad y agudeza, fluidez y abertura. Cada tarde, después de almorzar, pinta en su comedor de espaldas a una gran ventana. Es paciente. Perfeccionista.

Durante algunos años las exposiciones en el monasterio parece que están para decorar. Ahora, por suerte, están para preguntar, emocionar, imaginar, comprender, como es tradición en el arte desde Altamira, cuándo es arte y no ocurrencia.

En los próximos días desmontaremos otra sobre animales en climas fríos y cálidos en peligro de extinción: la ecología es una línea de insistencia.

Pero montaremos otras de bodegones abstracto/realistas como un toque para la alimentación no industrial, sobre salud mental, con la fundación de la comarca que cuida a esta gente que etiquetamos con una cierta prevención; presentaremos también la de un artesano jubilado del pueblo que construye maquetas de iglesias románicas con una perfección angélica y mostraremos casi todas las intervenciones creativas de vanguardia que Cesc ha instalado fuera del monasterio, con materiales humildes, para un diálogo entre patrimonio y contemporaneidad. Cesc, poeta visual, con sus instalaciones cromáticas a partir de piedras, troncos, objetos sencillos, pone en diálogo el románico con las artes últimas. Yo tengo un par de adoquines de colores rescatados de sus propuestas encima de mi mesa de trabajo. Todas las exposiciones, de pequeño formato, casi de gabinete, transmiten altos niveles de sensaciones propositivas.

Unas se van, otras nos visitan.

El arte es una necesidad vital.

El arte, no el tinglado capitalista que se ha montado en torno a él y sus artistas cotizadísimos a los que se compra obra como se invierte en bolsa. En el monasterio el arte está, obsesivamente, fuera del circuito comercial.

Nuestro arte despierta más vida.

**Vermuts musicales de domingo en la sombra del monasterio.** Nos los sugiere el amigo Carlos, de una ciudad mediana de la comarca, gran conocedor de sus grupos musicales. Hay muchos y son buenos. Son fruto del Conservatorio de Música del Pirineo de Berga y la Escuela Municipal de Música de Puig-reig. Han estudiado y no quieren profesionalizarse. Nos urge a que nos dotemos de una estructura de mesas y sillas y un bar. Las mesas y sillas nos las regala un bar del pueblo o las compramos de segunda mano. El bar, al principio, es un carro de supermercado ampliado con una nevera nueva: un pequeño gustazo. Más adelante compramos un bar transportable de segunda mano, como manda la economía monástica. Nos encanta. Blanco, cuidado, con una carta de bebidas no siempre industriales. Atendido por Carme y algunos del equipo.

Joan programa vermuts durante el buen tiempo en el césped que da a las montañas. Muy pronto la gente lo hace suyo: es un espacio informal, relacional, con buenos precios en el bar, entrada gratis, donde reunirse con la familia amplia, con amigos y conocidos, estar en pareja, en un ambiente de paraíso y con músicas de jazz, blues, swing, propia de los grupos o con reinterpretaciones de los grandes.

Está abierto de mediados de mayo a mediados de setiembre. Y cada domingo miramos el estado del tiempo. Cuando amenaza lluvia, frecuente en las primeras semanas, se montan en el claustro del siglo XI, con mesas en su césped. Entonces el romanticismo raya lo agudo.

Siempre los presentamos en el marco del proyecto del monasterio para la cultura. A menudo, entorno al bar, cuelgan un par de pancartas llamando la atención para frenar guerras, destrozos climáticos o auges del militarismo.

Todo en el monasterio sucede desde un porqué.

Este porqué es inmensamente relacional: seamos pueblo, comarca, comunidad viva y en avance civilizatorio.

Brindamos

**Por un museo vivo y diferente sobre el románico en el hoy y el aquí.** ¿Cómo implicar a los ciudadanos plurales en la memoria románica que inunda el entorno comarcal para que lo comprendan y asuman en sus estilos de vida contemporáneos? Menuda aventura en los tiempos del todo digital y en mi casa.

Esa tierra rural, abandonada por la cultura, huele a románico en cada paisaje y hábitat. En diferentes estados de conservación tenemos más de cien espacios entre puentes, iglesias, monasterios, casas rurales, caminos… Algunos, en estado óptimo de conservación. Otros, en ruina. Joan, nuestro joven historiador, los conoce todos.

¿Un museo con el olorcito de polvo antiguo que desprenden? Vamos a reinventar su modelo: nos va la innovación. Será un espacio para la experiencia, la sensibilidad, el comprender y el movilizarnos. Despertará pasión románica. Todo lo que no sea renovación románica para el cambio de civilización, quedará fuera. Un espacio, pues, vigoroso, valiente, fuego, lleno de alma transformadora.

El monasterio alcanza su cénit en el románico y se derrumba por un terremoto a principios del siglo XV. A inicios del XVIII un monje prior residente en Bagá opta por poner en funcionamiento una de sus iglesias: tiene dos superpuestas. La de arriba. Y sepulta todas las ruinas. Sant Llorenç desaparece. Y se transforma en una pequeña iglesia rural romántica.

En los años setenta del siglo pasado, el párroco del pueblo, Bartrina, hombre con bagaje histórico, con los niños, niñas y jóvenes del pueblo desentierra la iglesia de abajo, maravillosa, y la Diputación de Barcelona reinventa la sección derruida de la mayor parte del monasterio con arquitectura contemporánea de nivel, convirtiéndolo en centro para la cultura.

En esta reinvención dedican un gran espacio para un restaurante y otro para un hotel con encanto.

Corren los años dos mil y el dinero es fácil. Pero no se completa su arquitectura.

Nosotros proponemos reconvertir ambos espacios en un museo vivo, inteligente, seductor para contar la fascinante historia de la civiliad románica en Europa, Catalunya y la comarca. Un proyecto ambicioso y útil que la diputación acoge y va a financiar.

Tendría que estar construido
El dinero está.
Y tenemos el proyecto del museo reinventado. Es sugerente, atrevido. A mí me fascina. No es nada a la moda digital fría con tecnología pomposa. Lo redondearemos con los ciudadanos.

Santa Rita, tú que habitas el cielo con Sant Llorenç, mueve los hilos burocráticos para el ya: te rogamos, óyenos.

Ante la democracia de piedra inmóvil toca pellizcar.

Y orar para desahogarte y por si acaso.

Este espacio es indispensable para presentar y posicionar el románico como lo que venimos haciendo de un modo contundente y referencial: interpretamos la civilización románica desde el pensamiento y el arte contemporáneo alternativo para, desde su memoria inspirativa, impulsar otra civilización desde el aquí y el ahora que, por ser rural, no es menos imprescindible en aportaciones que las urbanas.

¿Imposible?

Cuando tengamos el museo, paralizado por burocracias administrativas varias y tremendamente cansinas, visítanos.

Y no solo tomamos un café.

Te regalo un dibujo con deje románico rompedor.

Es la gran pieza que falta al proyecto.

Me entristece su demora.

**Con la educación, siempre.** No transformaremos las tierras rurales si no cambiamos la educación urbana y estereotipada que en ellas se imparte.

Hay un dato siniestro, básicamente urbano, que toda la educación debe abordar por su parte de responsabilidad al apuntarse a lo tecnológico unidimensional del algoritmo paradisíaco y abandonar la educación relacional ética, civil: en estos últimos cinco años, el crecimiento de la muchachada que toma antidepresivos es de un 60 %. Tales escuelas tal vez deben edificar, junto a sus aulas de ordenadores y demás fanfarria, un consultorio psicológico como servicio público. En las rurales nos servirá un fértil huerto colectivo.

La educación necesita una revolución civil.

Y en lo rural además necesita que los alumnos conozcan y vibren por su entorno territorial. Un ejemplo comarcal, aquí, inexplicable. Los institutos y escuelas no visitan nuestro patrimonio románico comarcal porque el coste del autobús es el mismo que si viajan a Barcelona. Inaudito. Preocupante. Y escandaloso. Algo, imagino, debería hacer el Consejo Comarcal para impedir semejante atropello desde su ámbito de educación. El patrimonio románico, señores, es lugar primero para afianzar y expandir sentido de valores culturales locales abiertos a lo universal que deben conformar, inteligente y emocionalmente, la vida educativa personal y común de la muchachada en sus tiempos de aprendizaje.

Para gritar.

Mientras tanto, apostamos por proyectos otros y paralelos con los institutos y las escuelas. Esto es, para nosotros, Mirada Jove, un proyecto desde las artes plásticas y musicales, coordinado por una red de profesores de institutos y escuelas de primaria y de Música, asesorado por Civitas Cultura y el Centro de Servicios Pedagógicos de la comarca, y financiado por la empresa Paulig. Llevamos cuatro años. Participan todos los institutos y un número creciente de escuelas.

Cada año proponemos un tema que alumnos y profesores trabajan en sus talleres de artes plásticas o de música. Los integrantes de Civitas Cultura nos sentamos con los alumnos para contarles, asesorarles. Y al final, yo, como comisario creativo, escojo obras y melodías con los profes.

Los temas siempre proponen una reflexión sobre la comarca y sus habitantes. Y las obras y melodías presentan soluciones imaginativas y reales para cuestiones varias que faltan o deben mejorarse. Hemos abordado, en estos años, el problema de la sequía y el agua, la inmigración, los servicios públicos, los lugares emblemáticos de la comarca… El próximo tema reflexionará sobre cómo rediseñar los ábsides románicos para el hoy o el mañana. En Civitas Cultura preparamos materiales pedagógicos para talleres y pautas de sugerencias para profesores y maestros. Optaremos por presentar los resultados a Europa. Los trabajos se muestran en Berga en una exposición donde las melodías suenan y los trabajos dialogan entre sí.

Como en la cultura, el trabajo en Educación es a la media o a la larga. Y deben andar juntos. En lo rural es indispensable.

En estos años el contacto con alumnos me enriquece y me vigoriza. Me siento pésimo cuando debo seleccionar. Cuando contemplo la exposición y escucho sus músicas me enorgullezco de todo lo que han creado.

Se lanzan.

Son impresionantes.

En el horizonte inmediato, el monasterio abordaremos un plan educativo dirigido a centros de educación, especialmente los de enseñanza media, de la comarca y el país. Aquí, también, imaginativos, proactivos y apasionados.

***Pausa actual 2**: ¡oh, la música!* Noche del primer sábado de verano 2024. Termina el concierto de la presentación del programa de verano, con más de sesenta propuestas. Un concierto extraordinario de la

Orquesta de Cambra Terrassa 48, la mejor orquesta de cuerda de Cataluña. Es todo un acontecimiento que esté en el monasterio, obrado por su director violinista Quim, que ama y valora lo que estamos haciendo y quiere colaborar con unos honorarios asumibles. Escuchar a la orquesta abre la bóveda monástica para volar alto y acaricia nuestras pieles para que encendamos emociones y deseos dormidos o despertantes y soñados. Después del concierto publicamos, como siempre, la reseña en las redes sociales con fragmentos de música.

Ocho años después podemos permitirnos programar tres veces al año, por Pascua, solsticio de verano y Navidad o solsticio de invierno, tres conciertos de reto como el *Gloria* de Vivaldi, las *Últimas Palabras de Cristo* o la Orquesta de Guitarras de Barcelona.

A lo largo de la programación, la música de calidad vibrante la aseguran los alumnos y exalumnos del Conservatorio de Música del Liceo de Barcelona o el Festival de Música del Mediterráneo que, por ejemplo, nos permite contar con el mejor guitarrista joven del mundo.

La música potencia comunidad emocional en torno al monasterio y nos ayuda a entendernos en nuestra intimidad más deseante casi cada fin de semana.

Algunos afirman que la música es la mejor de las artes. En Sant Llorenç es ya imprescindible. Cada día más ciudadanos vienen el fin de semana por compartirla sin consultar la programación.

¿Será posible escuchar un año por Pascua en formato de cámara, y como ejemplos, el *Oratorio de Pascua* de Bach y su ya mencionada *Pasión* o la *Resurrección* de Haendel?

Ese día será recordado *in secula seculorum*.

También recordamos conciertos de piano de media cola. Un grupo de ciudadanos fieles a los conciertos impulsaron su compra de segunda mano. Fue un salto en calidad y repertorio. Todavía hoy es el único piano público de la comarca. Incomprensible.

Teclea nuestras pieles.

**Lluvia fina de valores ético cívicos.** A lo largo de la programación en estos años, desde el enmarcado de las presentaciones, en los emails quincenales de agenda, en las comunicaciones audiovisuales o gráficas… los del monasterio compartimos lloviznas o rocíos de propuestas para otra cultura sin grandilocuencias, para que fertilicen cotidianidad deslavazada.

Algunos ejemplos que agrupo en dos imaginarios parterres en un jardín rural asilvestrado y harmonioso. De este jardín no somos jardineros expertos: nos limitamos a sembrar con espontaneidad amable y convencida para que cada ciudadano opte por cultivar lo que más le apetezca y convenga. Y que, desde conciencias transformadas, lo común se vigorice cívicamente.

En un amplio parterre ponemos el énfasis en lo que el monasterio aporta como tierra fértil donde la creatividad explote, donde respiremos en común, donde imaginamos futuros, donde las emociones hablan, donde la inteligencia germina y se comparte, donde la memoria nos sorprende, donde el futuro avanza, donde la presente cobra sentido, donde la arquitectura acoge, donde compartimos un mundo mejor, donde los miedos se desvanecen, donde todo puede ser nuevo, donde el tiempo desprende sentido, donde la vida crece, donde el románico nos renueva, donde reencantarnos, donde oler eternidad, donde la plenitud se toca, donde la vida galopa, donde nos complementamos, donde hay iluminación, donde el corazón late con fuerza, donde la civilización se transforma...

En otro parterre, irregular por las ondulaciones del terreno, sembramos los porqués de la cultura que compartimos, con decires un tanto iguales, pero en expresiones diferentes: cultura por la sabiduría, por los sentidos comunes, por la generosidad, por la serenidad, contra las monotonías, por la vida intensa, por la valentía cívica, por las solidaridades, por la creatividad cotidiana, por la plenitud vital, por las libertades corresponsables, contra las sumisiones, por un mundo más justo, por la responsabilidad climática, por la igualdad, por el consumo crítico, por el coraje ciudadano, por la autenticidad, por la alegría, por la búsqueda, contra el abandono...

Y como un estribillo machacón acostumbramos a cerrar las comunicaciones, especialmente audiovisuales, con: «Somos esperanza, somos románicos, impulsamos otra civilización».

**Comunicación, comunicación y más comunicación.** En el destellante mundo de las redes sociales, cuando aterramos en el monasterio yo opto por primar la comunicación en papel: el equipo se inclina por las redes sociales. Me pongo pesado. Creo firmemente que, en este entorno rural postindustrial, con pequeños pueblos y algunas ciudades, hemos de colocar cada final de mes carteles anunciando la próxima programación con un estilo propio, atractivo, visualmente diferente, en tiendas, espacios públicos, bares... E insertar la programación mensual, con el mismo estilo, en las dos revistas gratuitas que se distribuyen en la comarca. Completando la apuesta, aparentemente antigua, gravamos artesanalmente un *spot* mensual en la tele local.

¡Funciona!

No hemos fallado ni un mes.

Truco: artesanía propia y dotarnos de espléndidas impresiones no abusivas económicamente.

Y paralelamente participamos activamente en las redes sociales. Nuestra web es el monasterio compartido en casa.

La comunicación imprescindible y primera –la he remarcado– es el marco de acogida y despedida en cada acto de cultura viva y compartida.

En el cruce de la carretera que conduce al monasterio cada temporada colgamos una gran pancarta y en la entrada del recinto, pancartas mimadas gráficamente, muestran las grandes líneas de programación acompañadas de algún toque de atención sobre guerras, cambio climático, desigualdades y problemas comunes inaguantables que exigen gritar, convencer y movilizarnos. No somos un monasterio de cultura mudo frente a los atropellos actuales.

Cuidamos la edición atractiva de los programas, los folletos para las visitas y todo el material de soporte para lo que estamos proponiendo. Últimamente incluso editamos pequeños catálogos para algunas exposiciones. Y tenemos en mente una editorial: este es su primer libro.

Si no comunicamos lo que proponemos, tenemos anemia.

**Resistencia, renovación y transformación.** Vamos despacio con un itinerario optado y consensuado en equipo. Como coordinador creativo de este equipo no me salgo del trazado. Un trazado con trasfondo agrario: cuando los agricultores siembran trigo saben que su crecimiento y maduración es largo. Hasta convertirse en pan, no todo el proceso es controlable. Y si lo obra un buen panadero, aquellas semillas esparcidas sobre la tierra saben a gloria. Confieso que en este proceso a menudo me pongo nervioso y alguna vez salto. Debo asumir que es bueno, por una causa, reprimir la creatividad desbocada.

Los primeros años del monasterio para el pan de cultura viva y colaborativa son de *resistencia*. De resistencia del equipo para dotar la programación continuada, desde la escucha ciudadana, de teatro, músicas, exposiciones, encuentros… con presupuesto misérrimo. En primavera, especialmente, muerdes la silla cuando, para un monólogo sobre las maestras de la Segunda República, mujeres heroicas y próximas a sus alumnos y a la gente, solo somos cinco. Y para un concierto de música barroca italiana, once. Resistencia es, también, el grupo de mujeres y algún hombre que cada semana están, escuchan, disfrutan, se energizan. Resistencia para que las semillas de la cultura creativa, colaborativa y activa echen raíces después de tantos años de abandono.

A estos años, los denominamos «los de picar piedra».

Con gusto.

Ahora estamos en el tramo de *renovación* pausada, lenta y proactiva Cada día somos más y sumamos a gente nueva. Afirmamos, frecuentemente, que Sant Llorenç es la gente que lo amamos, la comunidad que nos reunimos y confiamos. Y con la que nos planteamos cuestiones candentes desde conversaciones puntuales. Recuerdo, por ejemplo, los papeles que titulamos

*Idees per un café* en los que, pequeños textos breves, sugerentes, propositivos, abordan emprender estilos de vida otra desde los grandes desafíos de nuestros tiempos. Se agotan. O el folleto que propone más de cincuenta actitudes y acciones para practicar e impedir el avance del cambio climático que cierra este libro. Los ciudadanos lo comentan. O, todavía, la exposición de mujeres de la Edad Media silenciadas cuyos retratos los asumen mujeres de hoy, casi todas, visitantes asiduas del monasterio.

Lluvia fina y con ritmos frecuentes.

Ideas para cambios mentales y actitudes vitales otras.

Jamás peroratas ni comidas de coco impertinentes.

Los ciudadanos lo esperan.

No estamos en *la transformación*. Y deberíamos. Pero siempre asoman sus hojas verdes en lo que proponemos, insinuamos e insistimos. En especial cuando compartimos que desde el monasterio imaginamos e impulsamos desde la cultura otra civilización. Hoy esta idea o actitud, ya sabéis, es la marca paraguas de Sant Llorenç. Solo estamos en su planteamiento. Y esperamos en uno o dos años profundizar la cosa con ímpetu de lluvias de verano y melodía de fondo insistente.

Cada semana.

Desde todo y con todos.

Escalando si es necesario.

Una mujer nos cuenta que todos los sábados deja el coche en el garaje para subir al monasterio y ha reducido su uso. Otra, que se ha hecho socia activa de una asociación que cuida discapacidades. Y un hombre ha propuesto a su familia no consumir productos industriales. Ejemplos entre un montón. La gran transformación emergerá con fuerza cuando las tierras rurales nos movilicemos en red para proponer la civilización otra que los urbanos aplazan constantemente.

Este es el gran reto.

La pasión perpetua.

El monasterio en acción.

**Del «continuamos» al «volvería a empezar».** Peridis, el dibujante de políticos con trazo claro y colores básicos en El País, siempre un poco amablemente irreverente con el encorsetamiento político institucional, arquitecto restaurador de monasterios e iglesias románicas en Castilla, afirma cuando estoy escribiendo este texto que «las iglesias románicas son esperanza».

Hace ocho años que la experimento con el equipo y los ciudadanos de esta tierra rural postindustrial. Queremos continuar en esta tesitura, confiados. Es una esperanza que necesita tiempo para afianzarse, ahora ya a largo plazo y con todavía más visibilidad de resultados. Un plazo que para la asociación Civitas Cultura tiene en julio de 2026 una evaluación pública: vence el contrato que tenemos con los gobiernos públicos.

Deseamos vivamente continuar.

Mientras tanto, el proyecto avanza con propuestas como la apertura, en verano del 2024, de la iglesia románica de Sant Climent de la Torre de Foix, semirrestaurada, en medio de prados y enmarcada por un paisaje sobrecogedor. Avanza insistiendo en la construcción del Museo en el Territorio, que sufre aplazamientos desesperantes. Avanza, con la implementación de un Plan de Turismo Románico muy cuidado, la Escuela de Patrimonio y Cultura en las Comarcas o un proyecto de visitas educativas para escolares de institutos. Avanza en nuestro interés por formar parte activa de una red de cultura en tierras rurales. Avanza desde el empeño por construir una pasarela de madera que facilite contemplar las cuevas en la ladera del monasterio sobre el río, habitadas por anacoretas en el siglo VI o por desenterrar las ruinas arqueológicas del monasterio visigótico, importantísimo en la vida de la comarca precarolingia. Avanza con la voluntad de incorporar a equipos del voluntariado ciudadano en proyectos. Avanza en la búsqueda de los recursos económicos que nos permitan mejoras y alguna pausa en las tareas de producción, por ejemplo, que a menudo estresan.

A veces por las noches sueño que soy un pirata patapalo que roba para el monasterio y me despierto poniendo la mano bajo el colchón por si acaso.

¿Por qué los recursos para la cultura continuada en el patrimonio rural son tan escasos y tan generosos cuando se montan tinglados de luz, sonido y lentejuelas digitales?

Propongo que ningún político o gerente para la cultura en autonomías y otras instituciones no pueda asumir su cargo si no ha pasado un tiempo en la gestión de cultura en tierras rurales. Ahora salen del invernadero de los partidos y es imposible que nos comprendan. No se puede pedir peras al olmo, dicen.

Santísima democracia, mártir, escúchame.

Como a los antiguos monjes, me pueden las invocaciones letánicas como habréis notado.

Nos movemos en la tensión de afianzar lo viejo y experimentar lo nuevo, sanísima.

Hace unos meses, cuando me estaba recuperando de la operación de prótesis en la rodilla, una mujer me pregunta qué haría si volviera a empezar en Sant Llorenç. No lo dudo: lo mismo, pero añadiéndole lo que he aprendido de la experiencia compartida con ciudadanos, grupos creativos, gobiernos locales y de la escucha de estas piedras que rezuman tenacidad y esperanza.

***Pausa actual 3:* vacas en el monasterio.** Oigo sus cencerros alrededor del monasterio. Salgo disparado. Aquí está el gran rebaño de vacas que cada principio de verano sube a la alta montaña con sus terneros. Nos miramos. No puedo acariciarlas. Son las vacas que invoco en el primer convenio. Deseo que se coman la hierba del entorno, que está inmejorable por los constantes chubascos. Sus grandes ojos, un poco bobos, me enamoran. Algunas están muy gordas. Pronto parirán. Los terneros saltan, se persiguen, se refugian en sus madres. No puedo dejar de contemplarlas.

Me hipnotizan.

Hablo con sus pastores.

«La gente habla muy bien de lo que estáis haciendo en este monasterio y otras iglesias y monasterios de la comarca. Los habéis devuelto a la vida y mucha gente os sigue y os valora, incluso yo he venido a algunos conciertos», me espeta el más joven y me ruborizo.

Un inmenso perro me huele.

Me trasladan a mis años de muchacho en Tuixent cuando cada tarde salía a apacentar mis tres vacas y un cordero en los campos de alrededor, acompañado del perro negro de mi abuelo, bastón en mano y cesta con la merienda de pan un poco duro, buenísimo, y jamón de la matanza del cerdo. Oigo el reloj de la iglesia tocar las horas. Algunas negras nubes descargan. Aguanto. Mis vacas ni se inmutan. A las siete regresamos a casa de mis abuelos. Estas del monasterio regresarán con los primeros fríos.

Amo estas tierras.

Y sus rituales.

**Continuidad permanente e innovación rupturista.**
Cuando hace ocho años nos hicimos cargo —¡qué

expresión precisa y tan cargada de cooperación– del monasterio, lo encontramos como un manzano restaurado, fornido, bellísimo, pero con pequeñas manzanas, solo para visitas guiadas. Desde las primeras apuestas, interrupciones, conversaciones, lo empalmamos con esquejes de cultura creativa para otra vida en la tierra rural abierta a la memoria del pasado para comprender el presente y apostar por un futuro otro. Lo empalmamos y cuidamos como agricultores esforzados y esperanzados.

Las manzanas rojizas ahora son apetitosas y un tanto exuberantes.

Me gusta este símil porque resuena en él el inicio del Génesis bíblico con su mítica narración poética: la mujer apuesta por la manzana de la sabiduría, de la inteligencia, de la conciencia crítica, y la comparte con el hombre. Nos proponemos continuar comiendo y compartiendo estas sabrosas y vitales manzanas.

Este inicio de verano, al manzano robusto le añadimos un peral recuperado, también románico. Pequeño, sugerente y con un punto de desafío abierto a un fracaso controlado. La iglesia de Sant Climent de la Torre de Foix está rodeada de prados verdes y un paisaje de montañas que te invitan a levantar el vuelo. Ha estado años abandonada hasta el punto de que un gran roble sustituyó su vuelta románica. Restaurada parcialmente con una bóveda de cemento armado hipercontemporánea, conserva en su interior todas las heridas de arquitecturas y artes de otras épocas.

Cesc y yo, el fragmento creativo activo y a menudo insoportable del equipo, nos enamoramos de ella y proponemos dedicarla exclusivamente al arte.

Tenemos que aguardar.

Nos lanzamos ahora con el soporte del ayuntamiento de Guardiola y la complicidad de sus propietarios, ganaderos de la zona, magníficos interlocutores. La dedicamos al arte último que pregunta. El arte voluntariamente disidente fuera de circuitos económicos y de artisticidades oportunistas para coleccionistas. Es un atrevimiento en la comarca. Y más, por la ubicación del espacio que pide una peregrinación personal.

Cesc ha preparado una instalación poética que ha titulado *Naftalina,* en la que liga el pasado del templo con las sensibilidades de nuestros tiempos tan contrastadas y, a menudo, desesperantes. Cuando el primer día contemplo este arte que pregunta, reacciono inesperadamente: me sumerjo en él y de repente me giro hacia la pared, apoyo la frente en sus piedras y un silencio de eternidad luminosa me inunda.

Sabemos que este primer año, aunque la hemos comunicado, puede ser un fracaso de público. Acompaño a Cesc en el primer sábado de apertura. Día lluvioso. Solo una pareja nos visita. Conversamos con ella. El resto de sábados las visitas abundan.

Continuidad e innovación son dos caras de la misma moneda para activar y compartir cultura en las tierras rurales.

Estamos convencidos.

Y nos apasiona.

Cesc dice que se quedará en verano a vivir en Sant Climent.

Yo me siento inquieto y renovado: hace años que no apuesto por un proyecto tan aparentemente disparatado.

¡Oh, los desafíos!

**No están los tiempos para revoluciones,** porque una mayoría vivimos bastante bien, creo. Lo suficiente en lo urbano y en las ruralidades para no pensar en la revolución. Estamos muy enfocados a conservar el trabajo, una cierta calidad de vida y enganchados a las redes sociales. El sistema tecnológico-consumista absorbe cualquier crítica. Lo integra todo en su gran estómago de elefante insensible y homogeneizador para impedir cambios radicales inaplazables: impide cualquier atisbo de revolución.

Transcribo la conversación con un amigo de juventud, maoísta convencido y militante activo en la revolución de Mayo del 68 en París —aquí más tarde lo encarcelaron y lo zurraron— y ahora, después de ser un sabio y dialogante profesor de Sociología en una universidad del país, es un abuelo tierno que ha restaurado la casa familiar en un pequeño pueblo junto al monasterio y frecuenta las actividades de nuestra programación.

Vivimos en la sociedad de las imposiciones consumistas, con democracias mal cuidadas por gobiernos atornillados a partidos que ante todo quieren conservar poltronas y, esto me aterra, con una ciudadanía pasiva hasta la náusea. Ahora ya casi todo se reduce a estar pendientes del último modelo de móvil. Hemos abandonado la esperanza del convivir cualitativamente, desde las diferencias complementarias y grandes retazos de libertad solidaria. Hemos desistido de movilizarnos frente a quienes destruyen la naturaleza, niegan el cambio climático y las desigualdades por despilfarros sin precedentes.

¿Sabéis lo que me gusta de la cultura del monasterio? Que apeláis sinceramente y con amabilidad vigorosa a un consumo más justo, dibujáis una vida más creativa, animáis a una convivencia pacífica o a una vecindad de amistad común. Y lo hacéis sin grandes discursos ideológicos, desde un airecillo propio y con propuestas de cambios asumibles, con un poco de pimienta universal. Continuad así.

Toma una *grappa* italiana. Al equipo del monasterio nos encanta friísima. Nos mira fijamente, se pasa la mano por la frente. Continuad proponiendo transformaciones casi domésticas desde sentidos comunes éticos otros, impulsando amaneceres de vientos para cambios continuados, suaves. Olvidaos de las grandes palabras y de las acciones grandilocuentes. Os lo dice un revolucionario con un historial tremendamente ideológico que mordió las cárceles franquistas.

Ahora y aquí estoy convencido que el monasterio y la red del románico que impulsáis y gestionáis en voz baja está sugiriendo transformaciones de revolución en minúsculas cotidianas, indispensables desde la cultura con propósito. Emocionan. Vivifican. Lo sé porque os sigo. A menudo vengo con mis ahijados, que me cuentan que esta es la cultura que quieren. Lo sabéis. Y, con respeto os lo sugiero, subid un tono más, porque el autoritarismo de los populismos atruena.

Me gustáis porque no os quedáis en la resistencia. Sois sabiamente arriesgados y silenciosamente propositivos en las opciones para la otra civilización que nos urge.

Compartimos otra *grappa*.

Y salimos pitando a preparar el concierto del sábado.

**compartimos cooperantes**
**la experiencia románica**
**del monestir de sant llorenç**
**para más vida en la vida**
**y esperamos trabajar**
**en red con otras**
**de ruralidades plurales**

# 4. Gestión colaborativa: un método práctico experimentado

Compartir aprendizajes es una de mis pasiones públicas. Tengo la suerte de poder hacerlo como profesor de Marcas Públicas en el Máster de Dirección y Gestión Pública en Esade, uno de los más valorados de Europa durante muchos años tanto en su versión para políticos y directivos en gobiernos como para equipos asociativos civiles y movimientos sociales. Comparto y aprendo. Recuerdo las sesiones como una larga conversación para compartir experiencias e invitarles a optar por una gestión de acompañamiento y siempre compartida con los plurales ciudadanos: «Primero los ciudadanos» es mi afirmación insistente y apasionada. Salgo del aula agotado y feliz. Ahora, años después, presento esta gestión colaborativa para equipos que aportan cultura en tierras rurales.

Y lo hago desde lo que estas tierras me han enseñado.

Cuando estudio, las matemáticas no son mi punto débil. Recuerdo a los profesores que repiten machaconamente: el orden de los factores no altera el producto, el resultado. En la gestión pública cultural colaborativa, el orden de los factores altera grandemente el resultado. Así que no os saltéis los pasos de esta gestión. Es la que hemos seguido en el monasterio. Escrupulosamente. Férrea y creativamente. Porque facilita tomar decisiones coherentes y, a la vez, propias, imaginativas, innovadoras.

Vamos a ello.

Y vamos con un poco de desquicio en la narración: intento que lo que escribo tenga un tono profesional, neutro, objetivo, pero a menudo salto al nosotros: me siento uno más de vuestro equipo.

No lo lamento.

Soy géminis.

Los ejemplos en cada uno de los apartados de la metodología son de la experiencia en la conceptualización, gestión, producción y comunicación de Sant Llorenç que he presentado.

**1. Equipo.** Nos han vendido que, en lo público, lo imprescindible son las organizaciones, las instituciones. No me lo creo. Lo imprescindible son los equipos en estas organizaciones. Es su gente, no su logotipo. Su escudería. Su fría y perenne institucionalidad. Su poder, que en estos tiempos de economías salvajes es tristemente residual y débilmente democrático.

Todo proyecto para la cultura de la interrupción y las conversaciones es fruto maduro de un equipo, de un puñado de mujeres y hombres que tienen un gen indetectable pero comprobable de servicio público: jóvenes, no tan jóvenes y, en estos tiempos, jubilados que seguramente han trabajado, creado y luchado por la cultura como sentido para las vidas en común. Un equipo pequeño, de diferentes, aunados por una causa: que la cultura sature de creatividad, innovación, más vida en la vida a las tierras rurales. Que las empuje a salir del abandono activamente. En común. Y están, algunos, dispuestos a convivir con sus gentes.

Bendita voluntad.

Un equipo que sabe conjugar, para esta causa, a personas a quienes les va la creatividad, los números, el oler el territorio y sus gentes, la paciencia impaciente, la colaboración con los gobiernos públicos y el sector asociativo y los movimientos sociales, la artesanía del hacer las cosas con sus manos e inteligencias; les va dialogar, pactar y avanzar; están en esto generosamente, apasionadamente, voluntariamente, como proyecto de vida remunerada o sin remunerar. Un proyecto que, cuando se siembra y arraiga, incorpora al equipo gente de la tierra. Un equipo que no hay que confundir con el colectivo de asociados que le den soporte. Mi experiencia, aquí y en el inicio, es que un equipo de pocos logra más. Para emplear una expresión popular: les va la marcha de compartir cultura.

Como equipo deciden las grandes cuestiones juntos, pero aconsejo que algunos que quieran dedicarse más intensamente al proyecto se especialicen en un área de trabajo clara: escucha, gestión y producción, valor de marca y comunicación, subvenciones y donaciones, colaboraciones… Es la manera de avanzar y consolidarse. Un equipo que se estructura desde el manido entre todos lo haremos todos, pronto cae en la ineficacia: alguno hace y los demás se pasivizan.

Amo a esta gente en equipo.
Con destrezas distintas, complementarias.
Para un proyecto experiencial común.
En tierras no abonadas por la cultura.

*El equipo de Civitas Cultura lo formamos mujeres y hombres de veinticuatro a setentaiocho años, con experiencias diferentes y profesiones y dedicaciones complementarias. Algunos de Barcelona. Otros del Berguedà. Joan, nuestro joven historiador de Berga, es el último en formar parte del equipo y nos aporta solera histórica y futuro abierto.*

**2. Un equipo que respira y propone cultura.** No diversión, no espectáculos, no propuestas esterilizadas, de estantería, no novedades a la moda, no réplicas disminuidas de la cultura urbana, no sucursales de propuestas culturales fabricadas para las grandes ciudades. Algunos afirman, a lo loco e insensatamente, que todo es cultura.

Se mienten y nos mienten.

Sí cultura para los sentidos otros, humanísimos y ciudadanísimos, de la vida en común. Cultura fuera del circuito comercial simplón y ya solo económico.

Un equipo, pues, para la transformación desde la interrupción y las conversaciones. Para no solo parar el abandono: para recrear, para el aquí y el ahora, un modelo de vida que jamás debimos abandonar y borrar.

Esto, escrito, suena lindo y fácil.

Acordarlo en equipo pide diálogo, pactos, acuerdos, unanimidad: sois un equipo, no un pelotón de divergencias, para un proyecto de cultura con pies en lo rural concreto, cabeza inteligente y corazón palpitante para, del abandono, hacer emerger lo que ahora está soterrado. Es clave para las vidas en común y el mundo.

Trabajad en lo local, esforzada y apasionadamente.

Pero con los ojos abiertos al mundo en un estado difícil.

*Los miembros del equipo Civitas Cultura empezamos con trabajo voluntario durante un par de años. Cuando pudimos, liberamos a Joan, nuestro gerente y programador —a menudo le llamamos cariñosamente «esclavo» entre risas— para que disponga de un sueldo remunerado. Su trabajo es hercúleo. Los demás somos voluntarios, aunque algunos, por la dificultad de la tarea y el tiempo necesario, reciben recompensas económicas. Nos complementamos. Y estamos enfocados. Muchos hemos trabajado en cultura desde organizaciones diferentes. Para algunos eso de la cultura configura nuestras vidas desde jóvenes. Y sabemos que la cultura propone creatividad emprendedora, libertad compartida y solidaridad constante desde el esfuerzo cotidiano del equipo con los ciudadanos.*

**3. Escuchad atentamente la tierra, sus gentes y lo improbable.** Con nariz fina y olfato sagaz. El equipo pregunta a ciudadanos diversísimos, anónimos mayormente. Dejad que cuenten. Escuchad también la memoria de la tierra rural y sus actuales necesidades, problemas y retos. Escuchad a los silenciosos: tienen mucho por contar con su actitud. Los retos en cultura son estructurantes. Porque la cultura edifica presente y abre futuros otros, deseados. No escuchéis solo a empresarios, gobiernos locales y a los que lo saben todo y opinan, seguros, de todo. Y, aquí está el do de pecho, escuchad el futuro que ya late en ella si la oreja está finísima. Esto último es complicado, pero enfoca horizonte.

Sentaos con las gentes, pasead por sus paisajes y pueblos para obtener y contrastar información directa y plural.

Y desde aquí anotad decisiones.

Conoced experiencias, visitadlas, tomad nota.

Los ciudadanos plurales deben estar siempre en medio de la mesa de lo que os proponéis.

Centraos en sus realidades concretas.

No olvidéis los improbables que ya respiran tenuemente en la tierra: si la escucháis cuatro veces en equipo, aparecen trazos de lo que, desde la cultura, necesita la tierra. Llamo a esto «lo improbable» porque la tierra lo insinúa, pero debéis convertirlo en probable. En realidad. Al enfrentad este desafío, os jugáis futuro de esperanzas realizadas. En cultura lo improbable es imprescindible. Y exige innovación creativa y gestión colaborativa audaces.

*Como impulsor del proyecto, escucho la tierra y sus gentes: el Berguedà tiene una constelación de monasterios, iglesias, puentes, casas campesinas, con un románico impresionante. Algunos espacios son de primer nivel. Está infravalorado, desconocido por los propios ciudadanos de la comarca. Los gobiernos locales lo tienen en hibernación o directamente tachado en sus políticas. La Diputación de Barcelona ha restaurado muchos espacios excelentemente. Algunos ciudadanos suspiran por su renacer. Les duele el brutal abandono. Y saben que esta reinvención vendrá de la cultura que apueste por este extraordinario patrimonio en su tierra rural. Esto es escucha real compartida. Escuchamos también que la cultura de calidad continuada aquí escasea tanto como en la capital de comarca. Anemia cultural manifiesta y alarmante. En esta escucha con oreja a ras de suelo intuimos futuro, lo improbable: este románico debe activarse contemporáneamente para formar una red territorial y, desde esta red, colaborar con otros románicos del país y con los grandes museos de su especialidad. En el horizonte, ser declarado patrimonio de la humanidad. Me lo susurra su piel. Lidero esta escucha en el equipo. Cuando lo cuento para compartir, creen que algunos días me tomo algo: doble ración de románico vivo. El equipo lo asume. Y mejora lo que he escuchado.*

*Constatamos también que en la comarca gusta la música por la larga labor de sus dos escuelas municipales de música, una convertida en conservatorio. Han creado músicos y público. Influirá en nuestra programación hasta convertir el monasterio en el Auditorio de Músicas del Berguedà.*

*Una mujer, historiadora y profesora querida en el instituto de Berga, capital comarcal, nos tiende generosamente la mano al instalarnos. Se la estrechamos y la escuchamos. Es nuestra asesora y amiga. Muere demasiado joven. En su entierro multitudinario, me rompo desconsolado. Saltándome protocolos, beso su féretro. En broma, merendando, le decimos «la abadesa».*

**4. Visión a largo plazo.** Con este cúmulo de información, de retos que afrontar, de tierra rural esperanzada, la primera decisión es tan aparentemente sencilla que a menudo se olvida o queda en el aire, borrosa: qué proponéis a largo plazo.

Lo que se propone en un proyecto para la cultura es una visión de valor para compartir, innovadora, como horizonte de futuro conjunto otro que interrumpa, desde una larga conversación dialogante, la vida actual de la tierra rural para hacerla tierra de calidad de vida con valores altamente democráticos, servicios públicos adecuados y ciudadanía emprendedora, ojalá más feliz, que asegure permanencia y repoblación desde los que optan por ruralidades vivas. Un valor que anticipa futuro. Y lo hace deseable.

Un valor de horizonte, con los pies en el ahora, que jamás debe ser abstracto: la convertiréis en tangible, en evaluable y experimentado, en vida común mejor y cambiante en los pueblos rurales y sus gentes.

Una valor ético, cívico, imprescindible, que debéis narrar con un pequeño relato de quince líneas. Ni una más. En la que cada palabra tiene el peso del sentido y está expresada para que cualquier ciudadano de estos pueblos no solo la comprenda, sino que quiera unirse, formar parte de ella, de la comunidad que congregue en avance, abiertamente.

Dedicadle lo mejor del equipo.

No siempre la primera visión es la mejor y la más estructurante del proyecto. Y narrarlo con palabras de la gente que os rodee, nada de academicismos y palabras de élites.

*Civitas Cultura, a lo largo de estos ocho años, opta, como visión la de interpretar el románico, que estructuró la comarca con una nueva civilización a la romana, desde el pensamiento y las artes contemporáneas. Como ellos, nosotros proponemos imaginar e impulsar, desde estos espacios patrimoniales, otra civilización desde valores con profundo sentido democrático como la igualdad, la ecología, la libertad responsable, la creatividad para compartir vida mejor y la mutua colaboración. Somos pueblos en lo rural inteligente, relacional y con vigor de futuro. Cultura, pues, para los despertares. Cultura para el avance común esperanzado.*

El abandono cultural tiene fecha de caducidad. Todo lo que hagáis debe concretar esta visión para experimentarla vital y comúnmente.

¡Es vuestro ADN!

Los proyectos para la cultura que fracasan o sobreviven penosamente son aquellos que, cuando les pides qué visión proponen, acostumbran a contestar «cosas interesantes». Son proyectos borrosos, nublados.

Activismo al tuntún.

Contaminan.

**5. Misión a cuatro años.** La visión es a la larga. Fija puerto. ¿Qué se propone el equipo hacer, desarrollar, alcanzar en los próximos cuatro años? Si no se fija la ruta, se pierde energía, talento, se desdibujan los resultados concretos que se quieren alcanzar. La misión es a la media. La misión orienta lo que se programará. Dónde. Qué recursos se necesitan. La misión concreta la visión.

Debéis debatir esta misión, acordarla. Y narrarla: escribirla también en un relato muy de hechos, vivencial, emocional, con un párrafo de no más de quince líneas.

*En el monasterio, la primera misión narraba:*
*Vamos a compartir, desde Sant Llorenç, cultura artesanal creativa con los ciudadanos partiendo la memoria románica interpretada desde el aquí y el ahora abiertos al futuro. Para ello, lo dotaremos de una infraestructura técnica mínima, programaremos cultura todos los sábados tarde, desde Pascua a primeros de octubre; comunicaremos lo que proponemos mensualmente a la gente de los pueblos; nos dotaremos de un banco de direcciones para conectar con los interesados por email; conectaremos con grupos creativos de pequeño formato y proximidad con la gente; buscaremos subvenciones públicas que nos acompañen, y cuidaremos cada acto para que se convierta en un pequeño susurro de emociones compartidas para la vida cotidiana con más sentido esperanzado y proactivo. Y conviviremos como vecinos.*

Lo que la misión propone debéis trabajarlo programáticamente, de una manera esforzada, creativa, paciente y apasionadamente. Poco a poco, imparables. Con tremenda dedicación y esfuerzo.
El abandono no pone las cosas fáciles.
Pero tiene cura.

**6. Marca de valor referencial y altamente compartida.** Interrumpe en la vida de los ciudadanos e invita a conversar desde el estar presente en lo que proponéis y programáis. Esta marca de valor se concreta en una idea/propuesta/frase de no más de cinco palabras que condensan y explicitan, emocionalmente, la visión y la misión. No es quedéis en la primera que os parezca buena. Recomiendo poner sobre la mesa unas pocas para, después de discutirlas, concretarlas bien y fijarlas, optar por una iluminante, faro, preñada de presentes y futuros.

*Civitas Cultura a lo largo de estos ocho años opta por: «Artesanos para la cultura creativa en común». Interrumpe y conversa para avanzar desde propuestas culturales creativas continuadas hacia sentidos comunes otros que faciliten mejoras deseadas y constatables en la vida cotidiana. Esta marca nos marca en los seis primeros años de arranque, de la pandemia, los difíciles, los de la experimentación continuada. Los del avanzar picando piedra, pacientemente.*

**Monestir de Sant Llorenç**
**ARTESANOS PARA LA CULTURA CREATIVA EN COMÚN**
associació civitascultura

*Desde lo aprendido y reflexionado tenemos claro, después, que hemos de concretar más, desde la marca, lo que el monasterio propone en tiempos nublados, de zozobras, de no proponer alternativas viables a nuestra civilización en estado de agonía larga, que urgen de gran transformación. Y apostamos, damos un salto. Proponemos interrupción y conversaciones desde el aquí y el ahora con mayor visión contundente, con más desafío. Lo conversamos y acordamos en equipo. Sé que es una apuesta difícil y esperanzada. Y que necesita tiempo para ver resultados. Y optamos por «Imaginamos e impulsamos otra civilización». Todo un reto. Creo personalmente que ofrece más valor concreto y urgente para estos tiempos tambaleantes. A esta marca, para ubicarla más y mejor en vida cotidiana palpable, le añadimos el subrayado de Tierra, Igualdad y Cooperación.*

### Monestir de Sant Llorenç
## IMAGINAMOS E IMPULSAMOS OTRA CIVILIZACIÓN
### *tierra, igualdad, cooperación*
associació civitascultura

*EL valor de marca renovado y reinventado lo engendra y mantiene vivo y comunicativo este relato: interpretamos y valoramos la cultura para la revolución románica que estructuró nuestra comarca y país abierto al cosmos y a la colaboración, desde el pensamiento y las artes contemporáneas para que nos sugiera valores y actitudes comunes, imperecederos y avanzados con las que reimaginar y transformar, desde el cuidado de la tierra, la igualdad entre diferentes y la cooperación constante, una nueva civilización. En el monasterio, y desde esta marca de valor, ya anida y compartimos futuro otro, imprescindible.*

La marca de valor es el símbolo, la expresión máxima y, a la vez sintética, de lo que queréis, proponéis y realizáis. La marca determina el proyecto: lo expresa y os expresa. Os compromete. Es el más nosotros que queréis compartir. Continuadamente. En todo lo que conversáis e intercambiáis.

La marca son los ciudadanos que la asumen. Esto es lo importante, fundamental, imprescindible. El valor de marca se convierte en estilo de vida común.

¡Ufff!

Para algunos, eso de la marca suena a empresa. Nada más falso. La Iglesia católica, por ejemplo, desde hace dos mil años propone su marca: «Amaos los unos a los otros». Quienes la practican son auténtica Iglesia. Confían en el amor. Lástima que cada día son menos. Porque en el después, cuando los tiempos concretan esta marca, sustituyen el amor por el poder y la obediencia.

Un par de ejemplos sugerentes. Venecia en el XVII zozobra y se reinventa desde el valor: «Más que una ciudad, un mundo». Y reflorece. La Revolución

Francesa opta por un valor ético perenne y todavía desafiante: «Libertad, igualdad, fraternidad».

En los tiempos contemporáneos, cuando el ayuntamiento de Nueva York entra en quiebra y la ciudad empobrece y se vuelve conflictiva, encargan a Milton Glaser, inmenso pensador y diseñador, que idee y proponga una nueva marca para la ciudad: «*Yo quiero Nueva York*». Sustituye el quiero por un corazón rojo. Todos la entienden y valoran: «Aunque la ciudad no esté en su mejor momento», se dicen, «esta es mi ciudad, en la que vivo y confío». Supera el bajón. Y se convierte en marca referencial en lo público. Muchas empresas la imitan.

A una red importante de asociaciones americanas en los noventa les une el proponer y trabajar desde el valor: «Las asociaciones trabajamos para un mundo mejor». ¡Inmejorable marca!

La marca de valor ético, cívico, lo primero que debe interrumpir es el sentimiento de abandono. Este sentimiento, real e impuesto, el valor de marca grita que éticamente no solo se puede superar: lo vamos a transformar en resorte desde donde construir vida activa de calidad común, democrática y referencial.

La sumisión a lo urbano termina.

Esta marca de valor emocional se complementa con un signo gráfico que os identifique rápidamente. En Nueva York es el corazón rojo. Aquí sugiero consultar con un diseñador amigo que os aconseje y un profesional que lo diseñe.

*Nosotros optamos por un símbolo de las aguas entrecruzadas y eternas que ya fue la marca del monasterio benedictino y le pedimos a un diseñador amigo que la actualizara.*

Pero recordad: la marca jamás es un dibujito logrado, un logo o un trazo de color.

Este es el momento, también, con el diseñador, de definir las grandes líneas de la comunicación: optáis por fotografías, dibujos, tamaños, colores básicos, tipo de letra…

*Ambas marcas las mostramos dentro de un cuadrado negro con símbolo blanco que remite al románico contemporáneo por su grafismo nada nostálgico. A nivel de líneas de diseño optamos por dibujos simples, contundentes, por colores básicos, por letras de palo, por formatos tipo folio en los folletos….*

Repetid la marca de valor constantemente.

Que esté impresa en toda la comunicación.

Y lucidla orgullosos en vuestras camisetas corporativas.

Que esté en el corazón de todo.

Comunicativamente, que os identifique al primer vistazo.

Apostad alto.

El equipo, desde la marca, da lo inesperado.

**6bis. Ejercicio sobre marcas de valor en tierras rurales.** Me ducho, paseo y me atrevo a plantear un ejercicio de simulación sobre marcas de valor en tierras rurales.

He escogido nombres de comarcas abandonadas con una fuerte emigración de sus ciudadanos a lo urbano. Podrían ser otras. Por la que vuestro equipo opta. He escrito bajo ellas el valor de marca de una lista que confecciono el mismo amanecer antes de levantarme. Y firmo la marca con el nombre de una organización ficticia, también, que apuesta por tierras rurales. El valor de marca para cada una de ellas puede, claramente, mejorarse desde escuchar a las tierra y sus gentes.

*Tierras Altas de Soria*
**DESDE LA CULTURA COMPARTIMOS, AVANZAMOS**
asociación tierras libres

*Los Montes Universales*
**CULTURA PARA ESTAR ACTIVOS EN NUESTROS PUEBLOS**
equipo tierras creativas

*Campo de Aroca*
**CULTURA PARA MÁS CALIDAD DE VIDA**
colectivo tierras solidarias

*La Carballeda*
**CON LA CULTURA CONSTRUIMOS AVANCES EN COMÚN**
asociación tierras innovadoras

*Alto Tajo y Señorío de Molina*
**ARTES PARA OTROS HORIZONTES**
colectivo tierras emprendedoras

*Villa de Maderuelo*
**ARTES PARA VIDAS DESPIERTAS**
equipo tierras abiertas

*La Cabrera*
**CULTURA PARA LA COOPERACIÓN**
institución tierras rojas

*Comarca de Viana*
**CULTURA PARA EMPUJAR FUTURO OTRO**
asociación tierras del mediodía

*Comarca La Moraña*
**CULTURA PARA LA TIERRA QUE QUEREMOS**
grupo tierras innovadoras

Claramente en estas tierras rurales la cultura de la interrupción y las conversaciones no propone más de lo mismo: hay desafío conjunto para en salto cualitativo y cuantitativo a recorrer en común.

Me quedo con las ganas de continuar el ejercicio prospectivo de marca de valor como eje de transformaciones después de tanto abandono para conjuntos de pueblos que no sobrepasan los tres cientos habitantes en Soria, Teruel, Segovia, Palencia, Ávila, Cuenca, Huelva...

Detrás de cada marca de valor ético, cívico, para marcar otramente una tierra, le sigue un largo camino de imaginación, diálogos, pactos, propuestas, gestión y comunicación.

Es lo que os apetece compartir.

Ya estáis en ello.

**7. Prioridades desde la marca.** Aquí aterriza el proyecto: ¿qué priorizáis en concreto para estos pueblos en tierra rural? ¿Qué es lo nuclear imprescindible que aportáis a los ciudadanos? El valor de marca da sentido propio, singular, atrayente a estas propuestas. Sin él se quedan en acciones deslavazadas y faltas de corazón palpitante.

Hechos, hechos y hechos de cultura en acción.

Insisto: desde el valor optado.

Quien quiere abarcarlo todo, se queda en migajas. Así que bajo el paraguas de la marca de valor ahora es el momento de concretar. De optar por pocas prioridades muy estratégicas: imprescindibles para que la marca eche raíces en la tierra rural desde sus gentes.

Algunos proyectos para la cultura parecen grandes almacenes: un poco de todo para resultados en casi nada. Es necesario que os concentréis, optéis, os autolimitéis. Ya creceréis. Aquí funciona lo de «menos es más». Y lo de mis años *hippies*: lo pequeño es hermoso.

Nosotros, en nuestra primera marca, nos centramos en programar conciertos, teatro, exposiciones y poca cosa más cada sábado desde Pascua a primeros de octubre a las siete de la tarde. En comunicar mensualmente lo que proponemos desde los medios de comunicación de la comarca con carteles en tiendas y espacios públicos y presencia en redes sociales, con un estilo propio fácilmente identificable. En conectar con grupos creativos de proximidad y calidad. En acoger a todos que vengan con una atención personal y común de simpatía e intercomunicación. En buscar recursos públicos porque los precios para los conciertos y demás son ajustados. Y en convivir, lo he subrayado y no es anecdótico, como vecinos en el pueblo de Guardiola. Acertamos. Y casi nos agota.

**8. Espacio indispensable y permanente.** La visión, la misión y la marca se realizan, toman cuerpo de cultura propositiva y de respuesta en los estilos de vida ciudadanos desde un espacio referencial. El espacio no es un tema menor, tangencial. Lo saben bien iglesias y ayuntamientos que ocupan la centralidad de un pueblo.

El proyecto no necesita esta rotunda centralidad, pero necesita una casa, un espacio de referencia. Los *sapiens* somos territoriales. Un espacio en un estado de habitabilidad aceptable. Y si no la tiene, debéis reconvertirlo. En las tierras rurales abandonadas hay muchos y son de titularidad pública.

Algunos son patrimoniales. La primera colaboración con un gobierno local es que os ceda este espacio. Aquí, diálogo, firmeza y consenso.

*Los miebros de Civitas Cultura buscamos y tardamos cuatro interminables años en conseguirlo. Y en la memoria románica del monasterio por el que optamos todavía palpita que fue el gran impulsor de un cambio de cultura en esta tierra, entonces espléndidamente rural. Hemos respetado escrupulosamente su arquitectura y la hemos adecuado para las necesidades del proyecto de cultura creativa con los ciudadanos con trazo artesanal y contemporáneo. Tenemos una estética propia que mimamos.*

Apropiaros, desde el diálogo y la colaboración, de una escuela cerrada, una iglesia en desuso, un cine que ya no proyecta, una nave industrial desindustrializada. Dadle, si la necesita, una mano de pintura. Involucrad voluntariamente a una amiga o un amigo diseñador de espacios.

Y empezad: abrid la puerta.

Colocad una gran pancarta: «¡BIENVENIDOS A LA CULTURA PARA COMPARTIR VIDA COTIDIANA!».

Si no tenéis ni sillas, decidles a los ciudadanos: «Trae tu silla y conversamos». Lo aprendo de un amigo que lo ha hecho y ha funcionado.

Empezar de cero me fascina.

Y con recursos escasos, me pone.

**9. Públicos diana prioritarios.** No funciona, de entrada, dirigir el proyecto a todos los ciudadanos. «Todos» es, casi seguro, «nadie». Aquí también se debe priorizar. Es evidente que el proyecto para la cultura es para todos y cada uno de los habitantes en la tierra rural, pero no sois supermanes, no tenéis recursos ni capacidades y, no sabéis —¡qué pena! — hacer milagros. Así que toca poner límites.

*Nuestra opción fue dirigirnos a los ciudadanos anónimos. A la gente común. A, seguro, los poco o nada interesados por la cultura después de tanto abandono. Empezando por los del pueblo donde está el monasterio. Funcionó. Intentamos proponer cultura a los jóvenes de la comarca: fracasamos. El monasterio románico es diametralmente opuesto a sus espacios y priorizan —¡oh, educación bochornosa! — la diversión y sentarse ante la sagrada pantalla. Ya vendrán. Temazo pendiente. Ahora tenemos un público de primavera, con gente de los pueblos del entorno. Y un púbico, de refuerzo y entusiasta, de segundas residencias, en verano. Incrementar públicos es nuestra obsesión. No para contarlos como números, sino para que la cultura que proponemos avance, inunde el territorio. Lo fertilice éticamente. Creativamente. Este año, después de ocho programando y acogiendo, tenemos llenazos. El entusiasmo explota.*

Lo imprescindible es invitar a los públicos, insistir desde la comunicación, cuidarlos. Desde una impaciente paciencia infinita. Y compartir calidad y complicidades. El abandono no se cura en un par de años. Lo imprescindible: creced poco a poco e imparables.

**10. Participación implicativa.** Los públicos se afianzan, crecen, se consolidan, formarán parte viva del proyecto cuando optéis por la participación real: para que se sientan equipo amplio y plural con el proyecto. En los proyectos culturales hay algunos obsesionados por la participación totalitaria: no se puede hacer nada que no se consulte a los ciudadanos. Otros la quieren, pero no la practican. Hay quien la teme. Término medio, dicen los antiguos. Ni tanto ni tan poco.

Hay un imperativo en participación: los ciudadanos deben conocer el proyecto para la cultura de una manera nada farragosa, sino directa, invitativa y seguida por un diálogo abierto en el que el equipo escucha y aclara. No está en esta conversación para justificarse. Comparte. E intenta que nadie de los asistentes se otorgue el poder irreal de hablar en nombre del pueblo. Distorsionan estos sabiondos exhibicionistas.

La participación admite un sinfín de posibilidades. Pero la mejor participación es aquella en que se codecide.

*En el monasterio informamos continuada y brevemente. Para algunas cuestiones, nos reunimos con la gente. Estamos convencidos de que la mejor participación es aquella que se crea y se mantiene entre el equipo y los ciudadanos que lo frecuentan, e incrementa una atmósfera de familia para la cultura. En algunas ocasiones, hemos montado equipos ciudadanos para la estrategia de comprar un piano de media cola y segunda mano y arrinconar las sillas de mucho diseño y gran sufrimiento. Estamos en participación para decidir el futuro museo. Y hemos creado un Círculo Ciudadano como amigos y amigas del monasterio con un programa propio para los asociados. Confiamos mucho en él. Participación de alta calidad: hablamos con la gente que está en lo que programamos, de tú a tú. Cada semana.*

La participación necesita pausados aprendizajes democráticos colaborativos. Y es lluvia fina insistente. No chaparrón de verano.

Desde la participación, respirad junto a la gente y escribid con ella qué vida en común puede aportar la cultura. Para cancelar el abandono. Y abrir otros horizontes compartidos.

**11. Tanteo de recursos.** Un mínimo es indispensable. ¿Dónde están? ¿Quién los facilita? ¿Cómo encontrarlos? Un proyecto cultural transformador no puede empezarse sin un mínimo tejado que asegure un primer tramo de continuidad. Tampoco debe esperarse que todos les recursos estén desde el principio. Un equipo debe arriesgarse en un 80 %. Este 80 % es capital riesgo o capital esperanza.

*En nuestro proyecto, la primera aportación de capital esperanza la ponen los gobiernos públicos al cedernos gratuitamente el espacio patrimonial increíble, y la municipalidad, que se hace cargo de su mantenimiento. Un miembro del equipo aporta dinero: prefiere invertir en este proyecto apasionante que vivir pasivo en una residencia. Optamos por las primeras subvenciones. La economía es escasa. Un ciudadano del pueblo aporta una sustanciosa donación poco tiempo después. Finalmente, entra en el equipo una mujer, Asun, que sabe cómo apostar por subvenciones más sustanciosas. Pasamos de una pobreza digna a una clase media ajustada. Aspiramos a ese poco más que nos permita algunos saltos.*

*Seguro que hay ciudadanos que, al contemplar la calidad y la cantidad de la programación, piensa que navegamos en oro: lo hacemos en barcos de papel de subvenciones públicas y los parcos ingresos de las entradas de los públicos. A menudo repito que empezamos con un pie descalzo y una alpargata. Ahora tenemos zapatos discretos que deben durar más de una temporada.*

Aquí anoto algo que me parece importantísimo: casi siempre se empieza un proyecto cultural a partir del dinero. La vida me ha enseñado que el dinero viene después. Y hay que saber buscarlo y emplearlo para, con poco, lograr más cultura en acción. También he experimentado que el dinero aparece antes si la marca aporta calidad de vida brillante, necesaria, transformadora.

Y anoto también algo fundamental: gobiernos locales, supralocales y asociaciones cívicas en servicios públicos debemos comprendernos, colaborar y trabajar desde la cooperación horizontal democrática. Ambos, en servicios para la cultura, somos públicos porque acompañamos a los ciudadanos, aunque nos rijamos por leyes diferentes y un tanto vetustas, controladoras y burocráticas. A la mayoría de gobiernos esto no les gusta y una mayoría de asociaciones lo olvidan porque, ante los gobiernos, tienen sentimientos y comportamientos de inferioridad.

Hemos de reinventar otra manera de cogobernar menos jerárquica y mucho más cooperante. Esto aquí no toca plantearlo, a pesar de que es estructurante en el acompañamiento de las tierras rurales desde la cultura. Es una cuestión de democracia plena con futuro cooperativo. Pero no puedo callarme lo que es inaudito: las jerarquías administrativas no solo son vetustas: ¡son neofeudales! Con escudería de partidos excluyentes. En las tierras rurales urgimos gobiernos que no solo faciliten mejores servicios básicos. Los necesitamos generosos para que nos acompañen en la tarea compartida del punto y aparte en el abandono.

**12. Colaboraciones para la programación.** Cuatro manos logran mejores resultados. Y ocho, colaborativas, ya es un paraíso interactivo de pensamiento y ejecución. Colaborad para sumar pluralidades que no contradigan el valor de marca. Solos os empequeñecéis. Colaborad con grupos y organizaciones que aporten mejoras, calidad y entusiasmo. No seáis jamás talibanes de esencias intocables.

*A nivel institucional, Sant Llorenç colabora siempre con los ayuntamientos de Guardiola, Sant Jaume de Frontanyà i La Quar, municipios con monasterios románicos para las actividades continuadas o puntuales. Compartimos un convenio con el Conservatorio de Música del Liceo de Barcelona y el Festival de Guitarra del Mediterrani para los conciertos: aseguramos la calidad y potenciamos el talento de jóvenes intérpretes. Y colaboramos con músicos y grupos que aman lo que hacemos. También colaboramos con los institutos de enseñanza de la comarca y sus escuelas, y una empresa local. Colaboramos con la Diputación de Barcelona, con la Generalitat de Catalunya, con el Museo de Solsona, con asociaciones sociales y culturales… Y somos conscientes de que deberíamos impulsar un Nexo de*

*Organizaciones y Grupos para la Cultura desde el Románico en tierras rurales. Para esta tarea notamos que necesitamos más equipo.*

Sumemos y sumemos desde y para nuestro valor de marca. Colaborar implica aunar rigor y generosidad. No comporta decir sí a todo: colaboremos para unos resultados culturales concretos.

Tejemos tierra otra desde las complicidades.

Las tierras rurales que consigan una constelación de aportaciones interrelacionas son las que ya están en su futuro. Es ley de crecimiento armónico.

**13. Y con estos recursos, lancémonos.** Recursos especialmente humanos y económicos antes de empezar a programar. Tenéis pocos, tendréis que programar desde ellos. Hay lo que hay, es un buen desafío. No lloréis. Planteaos cómo sacarles lo máximo y de calidad. No, por pocos recursos, programéis cualquier cosa: hunde el proyecto.

Aquí seguro que os encontrareis con el laberinto de las subvenciones. Debéis contar con ellas. Pero, al mismo tiempo, debéis saber que lo que se concede, mayormente, no es lo que habéis pedido y, además, llegan a menudo cuando la programación ya está en marcha. Ante la escasez de recursos, por un poco de tiempo, podéis implicar a amigos y conocidos. Como excepción.

Un tema fundamental en economía: fijad unos honorarios comunes para los creativos y grupos que estarán en la programación. Fijad un precio asumible y justo. Y no hagáis excepciones. A no ser que sean excepcionales. Y, por favor, no os endeudéis. Entran, en el apartado de recursos, el espacio y las infraestructuras técnicas para lo que propongáis. Y los recursos para la comunicación: lo que no se comparte no existe.

*En el monasterio, felizmente, Joan como gestor y Asun como nuestra recolectora de subvenciones y administradora, se han convertido en unos profesionales de todo fiar. Empezamos con una economía precaria y una infraestructura casi nula en un espacio patrimonial soberbio. Hoy hemos crecido controladamente. Y podemos, en programación, darnos un gustazo de vez en cuando. En recursos humanos hemos crecido con jóvenes del entorno. Y en recursos de infraestructura hemos podido deshacernos de aparatos de mucho consumo.*

Dispondremos de más y mejores recursos cuando los espacios y las experiencias para la cultura en tierras rurales seamos un archipiélago y nos coordinemos en red para algunos temas comunes.

Es urgente.

Sé que la economía y los recursos técnicos no son mi fuerte. Confío en Joan y Asun. Soy de letras. Y un creativo con un gramo de locura. Como sabéis, a menudo pongo nervioso al equipo.

**14. Catálogo de actividades para la cultura.** Evito, como habéis notado, la palabra «actividades» porque me suena a activismo. Pero sé que el concepto «actividad» es rebueno: en él resuena y habita «activarnos». Los del proyecto, porque proponemos actividades llenas de sentido en acción directa, y los ciudadanos que están en estas actividades, porque lo que se propone en ellas deberían incorporarlo y activarlo en su vida común y personal. Este intercambio activo es lo que diferencia la cultura de la diversión o el entretenimiento. La cultura implica maravilloso esfuerzo mutuo.

Y plenitud: no consumo.

No funciona la programación de actividad por actividad. La programación en cultura pide, como mínimo, una programación mensual. La básica es la de temporada, cada tres meses, para que los ciudadanos conozcan, deseen estar y valoren lo que el proyecto aporta para sus vidas en común y personalmente. Esta temporalidad facilita la comunicación y promueve públicos consolidados.

Programar exige conocer creativos y grupos de proximidad que propongan sentidos con emociones creativas desde las músicas, las exposiciones, el teatro o la danza y el intercambio de ideas. Al principio hallarlos, conectarlos, convencerlos, cuesta. Pero si los cuidáis cuando actúan, quieren regresar y hablan del proyecto con otros creativos y grupos que se ponen en contacto hasta estructurar un banco de propuestas interesantes. Está comprobado. Programar exige también agenda. El tiempo es oro. Debéis programar con anticipación para poder cerrarla convencidos, poder imprimirla, distribuirla y comunicarla. Y debe manifestar lo que proponéis en el valor de marca. Una óptima programación exige coherencia: jamás es una estantería de novedades.

*Joan recoge todo el año las propuestas. Y a primeros de enero empieza a programar todo el largo ciclo de Pascua a octubre con total libertad. Y con un criterio admirable: hace ocho años que, después de presentar una actividad, me siento para saborearla. Un mes antes de empezarlas, ya están listas para la imprenta y la comunicación. Deja, a menudo, por cerrar algunas de verano. Y los conciertos de Navidad. La gente se sumerge en folletos de programación trimestral que, en Guardiola, distribuimos dos veces al año casa por casa. La programación se ha convertido en nuestro vehículo de navegación comunicativa. Las propuestas impresas y en la web son atractivas. Son monasterio activo desde cultura creativa compartida que, trimestralmente interrumpen con sus propuestas la vida de la gente, invitándola a la conversación desde la cultura.*

*Colecciono secretamente todas esas programaciones. En los momentos de dudas, que los hay, las hojeo.*

Más allá del amplio programa trimestral, podéis imprimir otros folletos por actividades concretas. Que todas estas impresiones respiren el mismo estilo. Son vuestra piel invitativa. Inician o consolidan conversaciones: no son ni difusión ni mucho menos propaganda.

A menudo, cuando contemplo el catálogo de la programación temporal continuada, me asalta la melancolía de mis años obsesivos con el arte del renacimiento italiano y lo leo, contemplo y manoseo dese una expresión que se me queda gravada de mis lecturas: *pieno de forza expresiva.* Si esta *forza,* está en un elevado porcentaje, lo beso.

Y susurro: «¡Vamos bien!».

**15. Tiempo de producción.** La programación termina con la producción. La programación es el mapa de lo que proponéis. Con días, horas, meses, precio de las entradas -si las hay-, grupo creativo o autor y lugar. Ahora debe producirse. Y acostumbra a ser cosa compleja: los creativos o los grupos ponen condiciones que debéis resolver mutuamente, como condiciones técnicas; algunos, desgraciadamente, cancelan; los honorarios deben abonarse con facturas y, cuando se coproduce algo con gobiernos, estos piden facturas electrónicas que muchos grupos creativos no son capaces de tramitar… La producción no termina hasta el momento de la actuación. Y la sigue: agradecimientos, acordar pago o quedar, tal vez, para otras actividades.

*Joan, además de programador indispensable, es nuestro productor técnico paciente, discreto y esforzado. Sin su gestión y producción, el proyecto del monasterio ya no existiría. No venía profesionalmente del sector de la cultura. Estoy convencido de que actualmente es el mejor gestor y productor cultural de la comarca, como mínimo. Es eje indispensable para el equipo. Lo valoramos y queremos. Trabaja todo el día, infatigablemente. Además, prepara luces, equipo de sonido, venta de entradas, fotografía las actividades, traslada sillas, recibe a los creativos con sus equipos… Lo ayuda ahora el otro Joan, el joven historiador que es futuro asociativo.*

La producción no se ve, pero es el esfuerzo que facilita abrir las puertas para compartir la cultura. Dotaos de un gestor o productor profesional cuando podáis. Aquello de que entre todos lo haremos todo es un sueño de comunitarismo idealizado: se hace poco y a trompicones. Lo sé por experiencia. Y termina con el proyecto anémico, en crisis, catatónico.

Yo, reconozco, soy un gestor mediocre y un pésimo productor. Soy hombre de equipo. Y de creatividad práctica.

Y noto la edad.

**16. Comunicación como conversación incesante.** No la confundáis con la propaganda. Esto supone una aberración que provoca que muchos la tengan como una cuestión secundaria, cuando es primera en cultura. Tampoco debéis valorarla como un gasto: es una inversión indispensable.

Todo lo preparado, gestionado, producido, hasta aquí se queda en nada si no se comunica, si no se comparte. Entre iguales. A través de una larga conversación comunicativa, paciente, escuchante, propositiva, implicativa y apasionante. Una comunicación sosa es un absurdo burocrático.

Un despropósito.

La comunicación transmite siempre la marca y su relato de acción transformativo en la tierra rural. Y lo hace con el lenguaje de los ciudadanos con una pizca de toque de atención gráfica y narrativa. A menudo, más que una pizca: un golpe de atención, de interrupción para lo que estáis haciendo. Una buena comunicación hace que al contemplarla te pares, la escuches, la entiendas, te seduzca y quieras estar, deseante, en lo que propone. Alguien del equipo debe responsabilizarse de toda la comunicación.

La emocionante es indispensable.

La racionalista es, de entrada, plana.

*Ese alguien en el proyecto Sant Llorenç he sido yo durante muchos años. La comunicación, desde mis tiempos de maestro joven en un aula con alumnos muy plurales, se me impone, me cautiva. Fui incluso profesor universitario valorado. Lo aprendido y practicado lo estoy aplicando en el monasterio, sacando fulgores comunicativos con un presupuesto más que ajustado, artesanal. Me encargo del qué comunicar, para quiénes, cuándo, con qué canales y ritmos. Nunca me he repetido. Siempre me la tomo como la puerta abierta para que los ciudadanos entren, compartamos, avancemos. Me importa conjugar cinco ces complementarias: cultura, comunicación y ciudadanos desde una conversación continuada. En comunicación, aprendo de los grandes. Y la aplico desde el monasterio rural, vivísimo. Cada vez que llega impreso un cartel, un folleto, una pancarta o una inserción en página web, noto un pellizco. También, cuando contemplo un spot editado para la tele local.*

Coleccionad comunicaciones que os llamen la atención: os inspirarán para comunicar vuestro proyecto.

Invitad a un estudiante de Comunicación o Diseño a colaborar con vuestro equipo como voluntario en prácticas.

Y cuando optéis por un estilo, no lo abandonéis a la primera crítica: es solo una opinión.

A algunos del equipo, al principio, no les gustaron mis dibujos o garabatos en las piezas de comunicación. Hoy los aplauden.

Cada temporada innovo dentro de un estilo propio comunicativo del monasterio.

Los de la primavera 2024 quedan un poco monstruitos.

**17. Sobre canales de comunicación: una nota.** La tierra rural no es un conglomerado urbano donde todo es velocidad e instantaneidad, con mucha información polucionando la atmósfera y con un audiovisual ensordecedor.

Demasiado ruido informativo.

Obvio que las tierras rurales no son el paraíso romántico de las flores, los ríos y las ovejas paciendo en el prado junto a la casa. Sus gentes se conectan a las televisiones y a las redes sociales, incluso a algunos pueblos llega la prensa. Pero los tiempos y los canales comunicativos son más lentos, otros. A menudo están más informados de lo que sucede en las ciudades que en lo cercano de la comarca.

Recuerdo, hace ya algunos años, una mujer que propone cultura en un valle muy cerrado en el País Vasco. Lo que le cuento en un seminario de comunicación le encanta y emociona. Pero me comunica que el mejor canal de comunicación para las gentes que viven en caseríos aislados del valle lo centra en imprimir: lo que propone, lo estampa en el papel con el que el par de panaderías de la pequeña ciudad, que está al pie del valle, envuelven el pan. Me conmueva su creatividad y eficacia. Me levanto y le beso las manos, emocionado.

¿Cuáles son los mejores canales de comunicación donde estáis plantando el proyecto para la cultura? ¡A por ellos! En el transcurso del texto cuento los que usamos desde el monasterio. Yo, no me avergüenzo, soy muy de papel impreso.

Una nota fuera de escala: los grandes supermercados imprimen cada semana su oferta de rebajas en papel y te la ofrecen en un sitio privilegiado.

Buscaos un impresor.

Nosotros, qué vergüenza, imprimimos en Alemania: calidad-precio obliga.

**18. Momento de la verdad.** Todo este recorrido, proceso, larga toma de decisiones, complejo, creativo y coherente, con trabajo artesanal y técnico para llegar aquí, al momento en que los ciudadanos plurales interrumpen su cotidianidad y llegan al espacio donde competir cultura.

¡Al fin!

Acogedlos en un espacio que muestre quiénes sois y qué proponéis. No un espacio neutro que huela a burocracia, a más de lo mismo. Predecible. Aquí, imaginación en acción. Un espacio armónico. De belleza austera pero elegante.

El espacio prolonga vuestra piel de equipo.

Recuerdo que, en mis tiempos en el ayuntamiento de Barcelona, forcé a la institución para que me permitieran ocupar una torre —que necesitaba una mano de pintura, pero debía esperar a los presupuestos del siguiente año— para montar un centro de soporte para las asociaciones de la ciudad. Compré un bote de azul marinero y, con una brocha gorda, pinté una línea continua, con zigzags creativos por todas las paredes del espacio. Cuando lo pintamos con presupuesto, los voluntarios que venían la echaban de menos.

El momento de la verdad concreta la interrupción y afianza la larga conversación con los ciudadanos para materializar la marca de valor ético.

Ya estamos.

Se abren las luces, empieza la lectura de poesía, empieza la danza o suena el violoncelo.

El día de la actividad, empezad puntuales. Presentad cada actividad con un pequeño delantal que la encuadre, remarque algún tono, oportunidad o sugerencia. Brevemente. Emocionalmente. Sin encorsetamientos. Mejor que sea siempre el mismo del equipo: da continuidad, crea corriente de confianza. Después, empieza la acción: el concierto, la visita a la exposición, la conferencia, la reunión…

Y quien la ha presentado la cierra y anuncia la próxima. A la salida, preguntad a la gente su opinión. Brevísimamente. Dad la vuestra. Cread familia cultural abierta, cómplice. La mejor manera de evaluación continuada está en este diálogo. Día tras día. Un mes tras otro. Año tras año.

El proyecto transformador desde la cultura va para largo.

*Cesc, es quien cuida el espacio exterior, confiriéndole un tono de poesía visual contemporánea que dialoga espléndidamente con el románico. Cuidamos la piel interna con exposiciones muy bien presentadas. La iluminación de los actos ha mejorado con el tiempo. Yo asumo, como he contado, la tarea del acoger, presentar, despedir. La preparo antes con unas notas breves que jamás leo. Es mi principal tarea fija los sábados y domingos. Me visto informal con un punto de elegancia contemporánea. No opto por superficialidades ni divagaciones ideológicas. Soy concreto. Busco emocionar para abrirnos a lo que seguirá. A menudo, porque me han entusiasmado, saludo a los creativos después de los aplausos. Y frecuentemente señalo algún acontecimiento local o global que va contra el valor de la marca o lo refuerza. Esto es política en directo. Lo sabemos. Política democrática de cultura compartida sobre la tierra rural y el mundo que queremos o no queremos. No deseamos permanecer neutros. La cultura en el monasterio tiene corazón. La neutralidad en cultura nos parece una estupidez.*

Lo que proponéis, comentáis, compartís, es clave. Pero el tono con que lo presentáis y compartáis, también.

Daos tiempo. No dejéis de pedalear. Remad en equipo.

Subid a la barcaza con los ciudadanos

El puerto no está en el horizonte abstracto.
Ya se vislumbra.

**18.bis. *Pausa actual: fin de semana de finales de julio 2024.*** Lo empezamos el viernes tarde presentando el festival Arts d'Ara en el monasterio de Santa María de Lillet frente a la imponente montaña del Pedraforca, uno de los símbolos de Cataluña. El monasterio románico con heridas góticas o barrocas alberga una escalofriante y a la vez cuidada exposición, *Idomeni*, sobre la catástrofe de las guerras actuales y el maltrato a los inmigrantes del Mediterráneo. Opta, con una sensibilidad extraordinaria, por fondos de madera vieja manchados sutilmente por pintura y atravesados por alambres de púas con hormas de zapatos de madera y algunos objetos muy pensados. La contemplo y me impresiona. Al comentarla en público, sé que me paso: no soporto tanta barbarie inhumana y, en especial, las mentiras del presentar a los inmigrantes como delincuentes y ladrones de trabajo. Algunos, al finalizar, me comentan que les he hecho llorar y me dan gracias por mi atrevimiento denunciador sin paliativos.

Después hay una conferencia de un profesor universitario sobre la comunidad de canónigos agustinos que construye y habita el recinto. Y un muchacho, vestido de negro, toca Bach al violín frente a un inmenso ábside que cambia de color sutilmente mientras el sol se pone atravesando la ventana redonda que lo refleja en inmenso sobre su piel de piedra: por un momento, nos inunda de magia, de sublimidad y, para describirlo en románico, de sacralidad.

El sábado al mediodía, concierto en una pequeña iglesia románica perdida entre campos y bosque de robles, para mí una joya única por su escueta restauración, con un ábside lombardo y un campanario en medio del tejado. No esperamos ser muchos. El camino es complicado. Cuando el acordeón diatónico empieza a sonar punteado por diferentes panderetas, la nave se transforma en un ámbito de fiesta popular que empalma memoria y presente. Unas muchachas bailan junto a la entrada. Los veinte que estamos nos sentamos en el suelo para degustar una experiencia de ruralidad que propone un estilo de vida otro. Les digo al despedirnos: «Esta experiencia, gratuita, dentro de diez años tendrá una entrada de cien euros porque no solo es única: es energizante y en común».

Sonreímos.

Al atardecer del sábado, concierto de piano y trompeta en Sant Llorenç. David al piano y Sergio a la trompeta. Músicos de la comarca talentosos. David estudia composición en Dinamarca y Sergio perfecciona estudios en Holanda. Llenamos. Hay expectativa. Y la colman. La obra final compuesta por David entrelaza fuerza sonora con intimidad y ráfagas de melodías inesperadas y emocionalmente gratificantes. Los aplausos atruenan. La conversación en la plaza se alarga.

Regalan música vigorosa

Domingo al mediodía. Calor sofocante, pero un airecillo sopla en la ladera del monasterio que da al Pirineo. Las mesas y las sillas están sobre el césped natural. Abrimos el pequeño bar. Vienen familias con niños, parejas, grupos de amigos y amigas. No queda una silla libre. Aparecen los amigos de la institución cercana que cuida a personas con diferentes discapacidades. Buscamos mesas donde no hay. Jony aporrea la guitarra con músicas de rock, a menudo duras. En la media parte, su sobrino de ocho años lo acompaña con una exhibición de batería. El aire se llena de música relacional. El bar termina sus reservas.

El monasterio revive sus antiguos domingos otramente.

La cultura encorsetada es para tiquismiquis urbanos.

En agosto no paramos.

**19. Mejoras y saltos.** Los proyectos para la cultura siempre pueden mejorarse si se escucha y dialoga con los ciudadanos. Mi consejo: cambios para mejorar la calidad, no para marcar nuevos rumbos. Desorientan. Debéis confiar en vuestro proyecto, que se pone en marcha después de una larga y compleja gestión y creatividad para que una tierra rural avance desde la cultura.

Mejoras siempre desde la evaluación con los ciudadanos. Cada trimestre. Cada final de ciclo, seguro. Para preparar la siguiente programación.

Y cuando el proyecto eche raíces y saque hojas de transformación esperanzada, planteaos algún salto: id a más. Con vuestro estilo. Desde la marca de valor para la cultura.

*Los integrantes de Civitas Cultura apostamos dura y apasionadamente por la cultura continuada desde Sant Llorenç. No fue hasta un tiempo después que nos abrimos a programaciones puntuales en otros monasterios, iglesias y optamos por otros ámbitos. Yo soy impaciente. Saltaría a menudo. Por suerte, nuestro equipo es de una alta inteligencia equilibrada. Y optamos, decididos, por un ciclo de trabajo compartido.*

Como orientación, los ciclos en las organizaciones asociativas para la cultura acostumbran a ser de cuatro años. En el primero, parece que todo anda demasiado despacio. En el segundo, la cosa se aviva y anima. Hay conexiones mejores y continuadas con los ciudadanos. En el tercero, aparecen los primeros resultados claros. Respirad sin bajar la guardia. En el cuarto, viento en popa, pero ya aparecen algunas monotonías. Ahora, después de lo logrado, iniciad otro ciclo. Nosotros hemos concluido el segundo ciclo y para el tercero toca saltar.

Para preparar el salto, necesito aguas azules mediterráneas donde esbozar una primera propuesta que trabajar después en equipo.

Habrá continuidad trufada con innovación.

**Trazo continuado con creatividad desde el valor de marca.** Todo el proceso que he encajonado en diecinueve apartados interrelacionados pide coherencia en las decisiones y, al mismo tiempo, creatividad innovadora desde vuestro valor de marca. Este trenzado es aparentemente complicado si no os dotáis de tiempo y conversación para irlo consensuado en equipo.

Dejad que fluya.

El peor método es aquel que, si hay dinero, por ejemplo, de una subvención, un equipo se lanza, presuroso, a montar un proyecto de actividades confiando en que todo saldrá estupendo. Puede que se alumbre un chispazo atrayente, pero seguro que le seguirá una continuidad deshilachada y, lo peor, efímera.

Si me pongo cursi, me viene a la mente que una flor no hace verano: una excelente actividad sin continuidad no combate el abandono cultural de las tierras rurales.

Tal vez una imagen certera de esta metodología colaborativa con los ciudadanos la facilite la imagen del glaciar que asoma maravilloso su cúspide entre las aguas y tiene, bajo ellas, una masa que lo sostiene en el paisaje de un lago. O, más cercano, la imagen del tapiz con colores y textura: su cara de belleza exuberante esconde el envés del tramado paciente de nudos y trabajo artesano singular.

Sed artesanos con método para vuestra gestión, producción y comunicación a largo plazo.

**Tomemos un café.** Regreso al inicio de este texto: a Tortosa. Una de las cosas que me impresiona del encuentro es el clima de amistad desde conversaciones cruzadas. A lo largo de este capítulo he sintetizado, gustoso, lo que he aprendido y cuento en los seminarios y cursos para la cultura de la interrupción y las conversaciones. He optado por un tono compartido, nada academicista. Pero sé que, cuando hay intercambio de experiencias y aprendizajes robustos, es en el cara a cara presencial.

Compartiendo un café.

Este país lo permite por su tamaño y sus comunicaciones.

Pongo la cafetera en marcha.


**la programación continuada**
**necesita una manera**
**de trabajar en equipo**
**que comparta un proceso**
**de gestión que sume**
**desde las creatividades**
**plurales consensuadas**

# 5. Comparto gustoso lo que hemos aprendido

El monasterio tiene en el patio de atrás, enterradas, las ruinas del monasterio anterior visigótico, de hombres y mujeres, ahora lleno de hierba un poco descuidado donde picotean las gallinitas durante todo el día. Junto a la pared, hay un pequeño jardín salvaje en el que, desde primavera hasta otoño, florecen flores silvestres, de colores. Me gusta sentarme en este espacio para leer, contemplar al atardecer los cambios de color en las montañas o quedarme en babia. Aquí he releído un par de veces este texto y, en ambas, sé que debo añadirle lo que hemos aprendido en estos ocho años de cultura que interrumpe y conversa en esta tierra rural.

No todo, las clave.

Somos un monasterio románico-civil para favorecer e incrementar cultura para la vida cotidiana: los ciudadanos lo valoran como **un punto de orientación cultural** en la comarca.

**Nunca hemos programado cultura desde la economía,** porque esta viene después, como recurso técnico, y no nos ha ido mal, pero nos ha limitado.

Tampoco nos hemos obsesionado en el tema tan urbano de **la captación de público** por la que la mayoría de centros para la cultura cuentan el número de los ciudadanos asistentes como trofeo y siempre buscando más: la cultura no opta por cifras, opta por mejorar vidas en común y revertir el abandono.

Estamos llegando comunicativamente al **70 % de la población comarcal**: casi es para tirar cohetes, pero debemos transformarlos en públicos implicados. Tozudos, hemos **avanzado mucho en presentar, interpretar y facilitar la comprensión del románico** como la constelación para la cultura que recorre la comarca, tejiendo memoria común que nos impulsa a entender nuestra historia, nuestro presente compartido e inspira futuro alternativo: los ciudadanos lo valoran más y los visitantes, también, pero aquí queda mucho por trabajar. Por ejemplo, consolidar y expandir la Xarxa Romànic Viu Berguedà y conectarla con otras románicas del plural país.

En todo lo que programamos, hacemos, colaboramos, conversamos está el valor de marca ético y saturado de futuro: **otra civilización es imprescindible y en ella la voz de los pueblos rurales ha de oírse nítidamente.** Somos insistentes, pesados, amables y narrativos.

Colaboramos constantemente con los gobiernos locales, comarcales, supralocales y nacionales con resultados muy desiguales. Con los ayuntamientos todo fluye. Con el gobierno comarcal las relaciones son, lamentablemente, frías: no creen en las oportunidades inmensas del románico para la cultura y la vida mejor en la comarca. Hay tapón gubernamental. Con el gobierno supralocal y nacional hablamos, tenemos proyectos compartidos y nos ayudan a través de subvenciones transparentes: **tenemos claro que ellos y nosotros somos, diferentemente, públicos y que la colaboración mutua es un imperativo democrático.** Nos gustaría, después de ocho años, más diálogo, menos burocracia y, ¡oh, beata economía!, un poco más de recursos.

Hemos intentado conectar **con los jóvenes y, de momento, es un fracaso asumido** que volveremos a replantearnos dentro de un tiempo: estamos junto a los ciudadanos adultos y mayores por los que optamos porque son los que han sufrido mayor abandono desde la cultura. ¿Un monasterio digital es posible con un lenguaje atrapante y casi eróticamente deseante? Soy mayor, pero me encantaría.

Estamos satisfechos del trabajo anual con **la muchachada de todos los institutos y, cada año, con más escuelas de la comarca** desde el proyecto Mirada Jove. Trabajar en mutua colaboración entre los sectores educativo, cultural y el soporte de una emprendedora empresa local, no solo es gratificante: unir esfuerzos empuja a mejores resultados en cultura en los años en que los alumnos forjan su visión del mundo y su intimidad ética.

Estamos seguros de que todo lo conseguido desde la colaboración, que ya es multitud, **no habría sido posible sin el monasterio como espacio relacional de aliento cultural semanal.** La programación continuada es el imprescindible «os quiero» en cultura.

Nos urge **incrementar los ciudadanos asociados como amigos y amigas del monasterio, debemos potenciar voluntariado** en equipos para cuestiones concretas... Los ciudadanos valoran altamente lo que hacemos: comprometerse en proyectos autónomos es otro cantar imprescindible. En lo rural solo es más complicado.

No hemos perdido **entusiasmo en este largo tiempo y hemos sabido conjugarlo con la gestión y la producción**, también con acentos diferentes en las propuestas: la innovación continúa pellizcándonos.

**Estamos satisfechos con la comunicación comarcal** en la que invertimos cada mes a unos precios justos. Y preocupados por la comunicación supracomarcal y nacional, especialmente en el entorno metropolitano. Sabemos cómo hacerla. Pero su maldito precio es exorbitante.

Si no hubiéramos optado por **convivir en el pueblo**, vecinos con vecinos primero y más tarde, habitando el apartamento que, en la reinvención del monasterio, la Diputación de Barcelona construyó para sus gestores, animadores o cuidadores, mucho de lo conseguido se hubiera quedado en deseos: el día a día implicativo alumbra horizonte de futuro. Sentirme aparcero me enorgullece.

Nos sentimos innovadores en el conjunto del patrimonio cultural catalán: **hemos optado por el patrimonio con los ciudadanos del entorno** mes a mes, con propuestas de calidad y proximidad, y no por grandes conciertos, la fanfarria de verano dirigida básicamente a turistas y la digitalización del patrimonio como lo más y esplendorosamente moderno. Nos acusamos de no haber conectado más con proyectos en tierras rurales catalanas y del Estado que están proponiendo cultura otra: hemos estado demasiado absorbidos por un trabajo tan apasionante como estresante.

Los convenios y contratos con la Administración pública son a menudo para dos años, que, para los resultados culturales, son como contratos para el día de ayer. Nosotros terminamos el último en verano del 2026. Tenemos proyectos para veinte años más. ¿Será posible **trabajar gobiernos y asociaciones a largo plazo** como pide a gritos la cultura en tierras rurales?

**Continuamos escuchando** y esta escucha nos ha conducido a convertirnos en el Auditorio de Músicas de la comarca, valoradísimo por ciudadanos y medios de comunicación. Pero no solo somos y queremos ser esto: la cultura de la interrupción y para las conversaciones pide más, casi infinitamente más: pide, también desde la música y las conversaciones con ideas, empujar otra civilización desde esta tierra rural.

Nos embarcamos apasionados, y algo inconscientes del reto, en un proyecto que sabíamos que superaba nuestras fuerzas: hoy **estamos convencidos de que acertamos** a pesar de tempestades, desiertos y amaneceres.

Desde la colaboración, hemos hecho de Sant Llorenç la casa común para la cultura de la comarca y otros territorios cercanos, **superando la irrelevancia del patrimonio románico** y llenándolo de propuestas para la vida con otros sentidos alternativos.

Con enamoramiento, colaboración con los ayuntamientos y propuestas de grupos creativos de proximidad, hemos puesto en pie la Xarxa Romànic Viu Berguedà, donde monasterios e iglesias facilitan propuestas para las libertades y la paz, sintiéndonos, los de la comarca, **herederos milenarios de estos espacios que fueron brújula de esperanza en sus tiempos y lo vuelven a ser ahora para el futuro**

Todo lo hemos abordado desde nuestro valor de marca y no desde un gran relato abstracto o estratégico sobre el abandono en tierras rurales: hemos optado, desde el valor ético, por impulsar, gestionar y comunicar **cultura no sumisa por fragmentos desde espacios reinterpretados desde los que empujamos otra civilización.**

No es poco.

Pero sabemos que estamos al inicio de un largo camino

Casi todos vemos las mismas pelis o series, estamos conectados en las mismas redes sociales o compramos los mismos valores ya solo económicos para el mercado omnisciente. La diferencia crítica y alternativa que constantemente presenta la cultura está sutil o groseramente excluida. El espectáculo es omnipresente. También, alarmantemente, en la política.

Tal vez una brecha para impulsar cambio transformador está en las abandonadas tierras rurales donde es más posible proponer y experimentar alternativas de convivencia y acción otras. A menudo en pequeño formato. Porque no todo en la vida debe ceñirse es esperar los paquetes de Amazon.

Lo que hemos aprendido muestra, conceptual y expresivamente con sus puntos débiles y fuertes, que podemos desde la cultura de la interrupción y las conversaciones en las ruralidades, vivir y convivir desde valores éticos más creativos, menos violentamente camuflados, con más justa solidaridad.

Con más plenitud.

Con menos sumisión.

Con infinita esperanza.

Desde experiencias otras.

**Implicados ya en otra civilización.** Cierro ahora lo narrado y espero que quede subrayado lo que a lo largo de esta experiencia propositiva insisto repetida y tozudamente: *la nueva civilización otra surgirá de las tierras rurales* porque la ofensa feroz de su abandono no ha liquidado el núcleo de sabiduría humana y ancestral de estas tierras que conservan diferentemente el filón energético para nuestro presente y futuro: la relación de sus gentes con el paisaje o la simbiosis de sus ciudadanos con la naturaleza y su universo.

La cultura nos ancla aquí y ahora con este núcleo para estar con vida plena, experimentándola en común y en igualdad de condiciones, cooperando en un territorio concreto que ya está en proceso de resurrección.

La cultura en tierras rurales es la voz de la propia tierra que nos interrumpe y conversa sobre cómo queremos vivir y convivir en ellas con entusiasmo democrático cuajado de futuro.

No es la tecnología, zombis.

**¡Es la tierra!**

Cuando escribo el último párrafo del texto, a mediados de agosto del 2024, nace un polluelo de los huevos de nuestras feúchas gallinitas. Una se pone clueca y Joan le pone unos huevos. Pero, a medio incubar, se le antojan paseos. Joan, alarmado, se los retira y los mete en la incubadora precaria de los chinos. Nace solo uno. Indefenso. Solo vida. Me lo pone entre las manos. Me emociono. Y tengo la impresión de que *es nuestra asociación cuando nos instalamos* en el monasterio.

Lo cuidaremos.

Crecerá y si es gallinita, nos regalará huevos.

La hija pequeña de una amiga lo bautiza como Papeta.

Si es gallo, nos despertará con sus quiquiriquíes.

Joan lo tiene en una caja de cartón junto a su mesa de trabajo.

**¡Oh, remad hasta casi el agotamiento!**

**un equipo que escucha,
innova, comunica,
es paciente e impaciente,
con decisiones y procesos
siempre con los ciudadanos
en el centro de su trabajo**

# Post scriptum 1
# Valencia, Islas Canarias, Trump: noviembre 2024

Antes de entregar el libro a producción, a primeros de noviembre del 2024, explotan tres acontecimientos que hieren y cuestionan la cultura de nuestra civilización ya tambaleante y, más en concreto, el planteamiento nuclear de la cultura para la interrupción y las conversaciones por la que sugiero apostar en tierras rurales. Acontecimientos simbólicos de alto voltaje que debéis tener presente en las programaciones y propuestas vivas culturales con un subrayado vigoroso. Son señales nítidamente de alarma, del basta ya, del por aquí no más. Las tres afean y complican nuestro entorno.

***1. Valencia, la catástrofe del cambio climático está entre nosotros.*** Con más de doscientos muertos y ciudades y pueblos devastados por el temporal, con inundaciones estremecedoras, brutales. Con un Gobierno que antepone la economía del turismo en largo fin de semana al aviso de los meteorólogos que ponen las alarmas de lluvias al máximo. El de la Comunidad, es un Gobierno pepero inadecuado, mezquino, técnicamente incompetente y delictivo que no solo las ignora: su respuesta ciudadana es torpe, mentirosa, con retraso y sin dignidad.

Esparciendo mierda de excusas fangueras y culpando al gobierno del Estado, de otro partido, ¡faltaría!, cuando es apremiante estar solucionando conjuntamente necesidades vitales entre los ciudadanos, sin escuderías de partidos. Un Gobierno que suprimió servicios públicos con su novio casamentero de los primaros tiempos, el franquista Vox, que, desde su encefalograma plano y tóxico, afirma que esta es solo una catástrofe natural más. Sus barbaridades políticas avergüenzan y cabrean.

En los interminables días de la tragedia soportamos voces y actitudes para el espanto y la sinrazón delirante. En este acojonante acontecimiento de inhumanidades varias, solo el empuje del voluntariado ciudadano, con muchos jóvenes, tiñe la negrura con un rayo de esperanza corresponsable.

Hemos invertido años de excusas desde empresas devastadoras, gobiernos timoratos y ciudadanos pasivos y entregados a la orgía del consumo masivo, en cacarear sobre el cambio climático, proponiendo cositas decorativas. O, delictivamente, negándolo. Ya lo tenemos en casa.

Duele y mata.

Lo tenemos y experimentaremos, porque no tiene límites territoriales, también en la casa amplia y común de las tierras rurales.

¿Qué proponéis en lo vuestro/nuestro?

Acción directa, no queda otra.

Sed rotundamente y conversatoriamente contundentes.

Con una programación de onda amplia y continuada vigoroso.

Toda cultura que no incluya la responsabilidad climática en sus programaciones, no solo es lamentablemente imperfecta: es idiota.

El monasterio, en la primavera del 2025, presentará una amplia exposición sobre la catástrofe con fotógrafos que la han vivido en directo.

**2. A las Islas Canarias no llegan los que mueren sepultados en el mar.** Son nuestros hermanos *sapiens* diferentes que huyen de países con una calidad de vida en precario desesperante. En gran y desesperante mayoría los acogemos a regañadientes, suspiramos en retornarlos y, si se quedan, los consideramos como gentes que vienen a quitarnos el trabajo, mayormente delincuentes, ciudadanos inferiores. Esto es racismo sin maldito disimulo.

Recuerdo, en un conversatorio, la opinión de una macho alfa prepotente, educadísimo, que me acusa de monja protectora de esta gente invasiva. No atiende a razones. Y salto: «Señor, cuando dentro de unos años necesite a alguien que me acompañe en mi silla de ruedas y me facilite orinar, ¿será alguno de sus hijos o nietos quien me acompañe o será una marroquí, que valoro y amo, como las que prestan estos servicios en mi escalera de diez pisos?». Me mata su mirada. Sé que es extemporánea mi perorata, pero no aguanto el desprecio creciente e injustificado, incluso económicamente, ante la inmigración. A las empresas, estos inmigrantes les encantan porque les pagan menos, aunque públicamente se suman a cuestionarlos. Los políticos aquí son terriblemente cobardes. Y algunos partidos triunfantemente racistas.

¿Qué proponéis en lo vuestro/nuestro?

Debemos invitar generosamente a esos inmigrantes a instalarse en nuestros pueblos para reinventar las tierras rurales abandonadas desde una agricultura, una ganadería y las pequeñas empresas emprendedoras y sostenibles.

Los queremos vecinos.

Los queremos en nuestros pueblos desde sus diferencias para la casa común efervescente que liquida el abandono.

Implicadlos en las programaciones culturales.

Montad acciones compartidas con sus mujeres y jóvenes.

Ayudad a los hombres y mayores a convivir.

Supone un acompañamiento cultural de largo alcance.

Tal vez, en unos años, uno de ellos, una de ellas, sea nuestro alcalde.

**3. *Trump, el gran mentiroso y el salvaje antidemócrata gana las elecciones.*** Porque los ciudadanos, cabreados, humillados, abandonados por gobiernos, demócratas incluidos con culpabilidad constatable, lo prefieren y, desesperados, creen en él porque aparentemente los escucha, les da confianza con su astucia, con sus palabras emocionales y movilizantes —es un gran comunicador—, aunque tenga causas penales abiertas y ya alguna confirmada y sus groserías sean insensatas y de terror.

La cosa es de alucine: ¡el multimillonario se pone junto a la gente que no ve futuro en sus vidas para enfrentarse a las élites causantes de su infortunio, formando el tal embustero, parte de ellas con subrayado! La crítica lo acusa de prepotente, fachenda, desquiciado, antinmigración y prorricos, persecutor de las diferencias, autoritario impertérrito y lo que de pésimo queráis añadir. Tiene razón. Pero ha ganado las elecciones democráticamente por goleada. Algunos, los más imbéciles, opinan que los ciudadanos se han equivocado. Mejor nos iría a todos que nos centrásemos en escuchar las causas reales y vitales por las que los ciudadanos han optado por el tal pendenciero. La elección fue rotundamente democrática. Pero su presidencia inaugura años de plomo con la contradicción de una democracia autoritaria, que impulsa libertad para los lobos, empujada por un ejército de tecnócratas avariciosos.

Han votado por venganza, por cincuenta años de soportar políticas economicistas que los han empobrecido, por negarles un relato de esperanza corresponsable, por partidismos en guerra, porque sienten que se están derrumbando. Tienen razón.

Y están hartos.

Son multitud.

Ha pasado en los Estados Unidos de América. Y está ocurriendo lo mismo aquí, en nuestra Europa gris, perdida y tan poco ciudadana. Y en nuestro país, con populismos que se agrandan desde la no escucha gubernamental y partidaria.

Huelo a repugnancia.

¿Hasta?

¿Qué proponéis en lo vuestro/nuestro?

A nivel del proyecto, para la cultura de la interrupción y las conversaciones que optéis. Espero que mi comentario sincero y a vuela pluma os deje nítidamente claro esto: nada sin escuchar directa, constante y amablemente a los ciudadanos.

Y los mudos por el mayor abandono en primer lugar.

Y que optéis por un constante refuerzo energético, desde los hechos compartidos, desde el entusiasmo, por la democracia cuando más directa, más de calidad ciudadana.

Tiempos que no admiten excusas ni paños calientes.

**todo para el ahora vigoroso
y para otra civilización
apremiante y esperanzada**

## Post scriputum 2
## 144 propuestas cotidianas para otra civilización

Contra todo pronóstico agotamos las existencias. La Bienal Romànic Berguedà 2023 se plantea un reto que augura problemas de creación y producción porque el atrevimiento supera las posibilidades de nuestra asociación. El equipo me lo advierte. Pero los convenzo de que debemos afrontar el reto que supone el salto de valor cívico de nuestra marca de cultura desde el monasterio, que propone como valor actualizado nuclear este empeño de largo alcance: imaginamos e impulsamos otra civilización.

Las exposiciones están a la altura, los conciertos e instalaciones creativas contemporáneas, también…, pero me parece que a la bienal le falta aterrizar en la vida de los ciudadanos que tenemos el monasterio por referencia significativa. Le doy muchas vueltas. Y me atrevo a plantear 144 sugerencias para avanzar desde la vida cotidiana hacia otra civilización, ahora todavía en minúsculas, pero ya imparables por estropicio irreparable de la que tenemos y por los intereses económicos y de poder de una minoría que se empeñan el mantenerla a pesar de su gangrena.

Propongo editar un folleto muy claro, con una foto hiperrealista de un zapato en la portada que insinúa caminar personalmente y un interior superlegible que juegue con distintos tipos de letra. Alguien del equipo, listo, me comenta que leerlo implica un esfuerzo. Lo reconozco y me gusta. Porque el esfuerzo casa con cultura y las responsabilidades a las que nos invita.

He buscado un cierto ritmo lector en el que incluyo algunas repeticiones de temas, porque me parece que le da al conjunto una profundidad de experiencias intensas e imprescindibles.

Mejor leerlo.

***QUO VADIS?***
**vendaval de 144 propuestas**
***caminemos hacia otra civilización***
*¡¡evitemos la extinción!!*
**TERCERA BIENAL ROMÁNICO BERGUEDÀ, 2023**

LOS TIEMPOS ESTÁN GRISES Y ZOZOBRANTES
**CALIDOSCOPIO DE SUGERENCIAS INNOVADORAS**
PROPUESTAS ALTERNATIVAS CORRESPONSABLES
**CONSTRUYAMOS JUNTOS OTRA CIVILIZACIÓN**
CAMBIEMOS NUESTRA MANERA PERSONAL Y COMÚN DE CONVIVIR
**DESACELEREMOS, ESCUCHEMOS LA TIERRA Y MOVILICÉMONOS**
HAGAMOS POSIBLE LO QUE YA ES URGENTE

**SOMOS LOS CIUDADANOS QUIENES TRANSFORMAMOS ESTE MUNDO**
RESPONDAMOS A EMERGENCIAS VITALES INAPLAZABLES
**ENFANGADOS, OPTEMOS POR LA ESPERANZA EN ACCIÓN DIRECTA**
ASUMAMOS RETOS SIN APLAZARLOS PARA EL MAÑANA

1. primero las vulnerabilidades
2. sanidad pública universal
3. política siempre con los ciudadanos
4. stop a la inteligencia artificial empresarial: estricto control democrático
5. nunca racismo, etnocentrismo ni violencia
6. pueblos y ciudades por la vida efervescente, sin humos, sana...
7. alimentación de proximidad y sin trampas
8. servicios públicos para todos de calidad y cerca de casa
9. boicoteemos la economía que destroza la vida y la tierra
10. cooperación solidaria imprescindible
11. interdependencia horizontal y de abajo arriba
12. cuidémonos mutuamente: el gran mandamiento
13. más movimientos sociales activos y prepositivos
14. transformaciones alternativas atrevidas: debemos saltar
15. votación democrática a los 16 años

16. ninguna participación de empresas en los servicios públicos
17. vivienda digna y obligada
18. largo plazo en cuestiones públicas
19. somos ciudadanos del mundo desde el aquí y el ahora
18. decrecimiento por exceso
19. respeto a las diferencias
20. decisiones más y más democráticas
21. erradicamos la plaga de la pobreza
22. ningún colonialismo
23. acogemos a los ciudadanos inmigrantes
24. nuevas familias en igualdad
25. cuidemos a los animales, parientes nuestros
26. educación por la vida en plenitud
27. ¡no todo lo queremos digital!
28. consumo crítico más que nunca
29. stop al egoísmo individualista que nos destroza
30. ética reinventada y consensuada, transformativa
31. sociedad civil primero que la política partidaria
32. punto final al capitalismo salvaje sangriento
33. ahogados por la dictadura de la productividad
34. contra las obscenidades públicas
35. cuidamos el entorno y la vida
35. voluntariado por la ayuda mutua
36. cultura para recrear y compartir sentido para la vida
37. desmaterialicémonos: acumular es aberrante
38. mujeres y ancianos en primer plano
39. respiramos formando un gran nosotros plural

40. pobreza cero sin ninguna excepción
41. derechos y deberes civiles asumidos y activados
42. sobriedad compartida: poco es más y mejor
43. resistencias íntimas en todas las comidas de coco
44. compartamos cuerpos, aire, agua, tierra
45. trabajo y salarios dignos, sin trampas
46. antimilitarismo y antiautoritarismo como sociedad
47. nunca miedo por disimulado que esté
48. navegamos al norte de los futuros compartidos
50. derribamos fronteras
51. escuchamos las voces del sur
52. cuidamos los océanos
53. en el centro, siempre los ciudadanos plurales
54. economía circular: reciclemos
55. nos preguntamos a menudo cómo queremos convivir
56. exigimos los acuerdos para el clima: basta de excusas
57. descarbonización de la economía
58. sistemas alimentarios agroecológicos
59. sistema fiscal justo para repartir riqueza
60. control democrático de la economía
61. la actual normalidad es el problema: ¡asfixia!
62. batalla por la igualdad, la ecología y la libertad
63. continuadamente paremos toda barbarie
64. potenciemos oportunidades ciudadanas
65. transformación revolucionaria pacífica
66. amar es una virtud pública
67. no viviremos bajo Google, Amazon y compañía

68. cotidianidades calificadas
69. transformaciones corresponsables y audaces
70. diálogos, consensos y pactos
71. avancemos hacia otra civilización, valientes e imparables
72. liquidamos la zafia precariedad laboral
73. investigación conjunta de nuevas soluciones
74. cultura de responsabilidad imaginativa
75. nuestra civilización será cultural o no será
76. renta mínima generalizada
77. democracia directa: hartos de representatividades
78. paremos las guerras
79. destruyamos las armas nucleares
80. vecindad activa en pueblos y barrios emprendedores
81. volvemos a vivir en pueblos con futuro
82. ¡inundados por los plásticos!
83. gobiernos con equipos ciudadanos
84. educación no estereotipada y solo tecnocrática
85. familias que educan y se quieren
86. desobediencia civil cuando sea necesario
87. contaminación cero: ningún aplazamiento
88. los demás nunca son enemigos
89. reinventamos con audacia otra economía y política
90. pueblos y ciudades para la gente, no para los coches o los negocios
91. volvemos a las tiendas de proximidad

92. tiempo libre creciente por la cultura y la comunidad cercana

93. practiquemos artes en grupo

94. queremos volver a tenernos mutua confianza

95. no toleraremos más informaciones desinformantes

96. impediremos que pocos bandidos encorbatados acumulen la riqueza

97. apagamos a menudo el móvil, redes sociales y similares

98. no pasemos datos a las grandes tecnológicas

99. los espacios comerciales no serán las nuevas plazas públicas

100. contra las infamias

101. pongamos fin al invierno ciudadano de estas últimas décadas

102. cambiaremos esta civilización ya maloliente

103. somos ciudadanos decididos

104. no contaminemos las aguas

106. permitamos que la naturaleza avance

107. cambiemos radicalmente los hábitos consumistas

108. cambios en la programación alimentaria: la industrial estafa

109. impidamos que el mercado nos gobierne

110. dejamos de ser pasivos consumidores y mudos

111. hagamos frente común por la sanidad universal y la justicia fiscal

112. concienciémonos de los ímputs negativos que generamos

113. no vivamos más sumisamente
114. hay otras formas de construir
125. vivamos: no sobrevivamos
126. esperanza: no visión apocalíptica
127. oportunidades para los jóvenes
128. ¿es imprescindible tanta abundancia en tantas cosas?
129. viajamos en tren y caminamos seguido
130. seamos vecinos cooperativos, movilizados
131. no elijamos políticos tóxicos
132. la democracia no puede ligarse solo a ganar elecciones
133. nada sin ética, sin sentidos comunes
134. SOS agua
135. nadie discriminado: sociedad plural
135. paremos los populismos fangosos y destructores de democracia
136. asambleas ciudadanas de debate decisorias
137. reducción del poder de compra para los ricos
138. los cruceros y los aviones contaminan grandemente
139. semana laboral más corta
140. cerremos macrogranjas y agriculturas con pesticidas
141. más jóvenes en las instituciones
142. contra el desengaño democrático
143. añade lo que crees que falta
144. ¡GRACIAS!

*Haz tuyas y con los tuyos estas propuestas vitales.*
*Selecciona unas pocas por la acción directa y*
*responsable. Ponlas en marcha en el próximo mes*
   *Por ejemplo:*
1. nunca plásticos
2. nunca alimentos industriales
3. nunca energías fósiles
4. nunca desigualdades escalofriantes
5. movilicémonos ante lo que nos destruye

REPENSÉMOMOS, RECUPERÉMONOS,
**RECICLÉMONOS, REENCONTRÉMONOS,**
REINICIÉMONOS, REINTERPRÉTEMONOS,
**RECONVERVIRTÁMONOS, RECONSTRUYÁMONOS**

*LA CULTURA POR LA ESPERANZA*
*EN ACCIÓN DIRECTA COMPARTIDA,*
**¡TRANSFORMA!**

*Toni Puig,*
**al equipo de CivitasCultura,**
**imprescindible e incombustible**
**gracias!**

*Associació CivitasCultura*
verano/otoño 2024

www.civitascultura.org
www.tonipuig.com
tpuigp@hotmail.com

*Toni Puig* se implica como maestro en el movimiento para otra escuela, está en el equipo que edita la revista insumisa Ajoblanco, forma parte del equipo municipal que rediseña Barcelona, escribe libros por placer y dibuja por impulso. Es profesor de Marcas Públicas en Esade, coopera con ciudades de las Españas y Latinoamérica para la innovación publica con los ciudadanos y, enamorado del románico, coordina el proyecto que este libro cuenta galopando desde la cultura fuera de circuito comercial.

a los lectores
**gracias**
a los equipos que trabajáis
**sed valientes**
a los ciudadanos
**movilicémonos**
a los gobiernos
**colaborad con equipos civiles**
a los desanimados
**horizontes apasionados**
a todos y a todas
**tozuda esperanza**
a las tierras rurales
**compartamos futuros**
a los causantes del abandono
**vuestro tiempo terminó**
a la cultura en minúsculas
**larga vida**